C.H.BECK ■ WISSEN

in der Beck'schen Reihe

W0194450

Den Begriff *Limes* – im Sinne einer militärisch besetzten Grenze – verwendete erstmals der lateinische Autor Tacitus Anfang des 2. Jahrhunderts n. Chr. in seinem Werk *Germania*. Tatsächlich markierte einst der Limes die Ränder des *Imperium Romanum*. Er erstreckte sich von Britannien aus über Germanien und Raetien weiter bis in die Donauprovinzen und über die römisch kontrollierten Gebiete des Orients hinaus bis nach Nordafrika. So verwundert es nicht, dass sich bis heute allenthalben archäologische Reste dieses gewaltigen Bodendenkmals erhalten haben. Im Jahr 2005 wurde der Obergermanisch-Raetische Limes in den Bundesländern Baden-Württemberg, Bayern, Hessen und Rheinland-Pfalz sogar in die Liste des UNESCO-Welterbes aufgenommen.

Mit Egon Schallmayer erläutert einer der international besten Kenner der Archäologie und Geschichte des Limes in dem vorliegenden Band Entstehung und Entwicklung des Limes als Reichsgrenze, informiert über seinen Verlauf, seine Ausbauphasen sowie über Bauwerke und Truppen am Limes und skizziert zudem die Phasen seiner Erforschung.

Professor Dr. phil. *Egon Schallmayer* ist Direktor des Römerkastells Saalburg – Archäologischer Park, Landesarchäologe von Hessen und bekleidet eine Honorarprofessur für Provinzialrömische Archäologie an der Universität zu Köln; er hat zahlreiche archäologische Ausgrabungen am Limes durchgeführt und darüber hinaus einschlägige Veröffentlichungen zur Geschichte des Limes vorgelegt.

Egon Schallmayer

DER LIMES

Geschichte einer Grenze

Verlag C. H. Beck

◁ *FÜR RITA* ▷

Mit 9 Karten und Abbildungen
Sämtliche Abbildungen wurden von G. Preuß,
Layout & Grafik, Wachenheim, erstellt,
mit Ausnahme der Abbildungen auf den Seiten 102/103,
Zeichnung Peter Connolly,
© Römisch-Germanisches Zentralmuseum, Mainz

Originalausgabe
© Verlag C. H. Beck oHG, München 2006
Gesamtherstellung: Druckerei C. H. Beck, Nördlingen
Umschlagmotiv und -entwurf: Uwe Göbel, München
Printed in Germany
ISBN-10: 3 406 48018 7
ISBN-13: 978 3 406 48018 8

www.beck.de

Inhalt

«Dagegen hat die Provinzialisierung auch der Legionen den kriegerischen Sinn des herrschenden Volkes erlöschen lassen und die Provinzialheere seit Hadrian zu einer schwächlichen defensiven Grenzverteidigung verurteilt, deren Ausdruck die militärisch ganz verwerflichen langen Sperrlinien an den Grenzen bilden.»
(Alfred von Domaszewski, Die Rangordnung des Römischen Heeres [Bonn 1908] 57).

«Auch diesmal wurde wohl nicht genügend beachtet, dass die Limesforschung in Deutschland an und für sich unerschöpflich ist und dass wie bei allen derartigen wissenschaftlichen Aufgaben mit jeder Ausdehnung der Untersuchung neue Probleme auftreten, die Lösung heischen, und jeder Fortschritt in der Methode frühere Untersuchungen als unzulänglich erscheinen lässt.»
(Ernst Fabricius, Vorwort. ORL Abt. A Band 1, Die Strecken 1 und 2 [Berlin/Leipzig 1936] IXf. vom 15. September 1936).

«Then take me disappearin' through the smoke rings of my mind down the foggy ruins of time ...»
(Bob Dylan, Mr. Tambourine Man, Lyrics 1962–2001 [Hamburg 2004] 306).

Vorwort

Es ist sicherlich ein gewagtes Unterfangen, im Rahmen des durch die Reihe C. H. Beck Wissen vorgegebenen Umfangs das Thema «Limes – Geschichte einer Grenze» so abzuhandeln, dass bei aller notwendigen Beschränkung und Textkürze die wichtigsten Aspekte berührt werden. Es handelt sich ja bei der römischen Reichsgrenze um einen räumlich über mehrere Tausend Kilometer ausgedehnten und nicht nur eine lineare Betrachtungsweise erfordernden Gegenstand. Die Limeslinien lassen sich ohne die Darstellung und Wertung einiger Aspekte der Geschichte des Imperium Romanum, ohne die wenigstens im Ansatz unternommene Würdigung von Land und Leuten in den von ihnen geschützten Provinzen und ohne eine gezeigte Rücksichtnahme auf ihre Bedeutung in der Rezeptionsgeschichte bis heute nur unzureichend beschreiben. Angesichts der ungeheuren Menge und Vielfalt der von der archäologischen, althistorischen und historischen Forschung erzielten Ergebnisse sowie der noch offenen, aber auch durch die Wissenschaft stets neu zu stellenden Fragen kann der vorliegende Band nur eine Auswahl bieten und den Leser dazu anregen, sich über die dargestellten Sachverhalte der Geschichte und Kultur der Römerzeit und ihre bis in die Gegenwart hinein andauernden, bedeutenden Nachwirkungen Gedanken zu machen. Mittels der im Anhang aufgeführten weiterführenden Publikationsauswahl, die ihn alsbald mitten hinein in die schier unübersehbare Forschungsliteratur führen wird, mag er dann die Vertiefung der ihn interessierenden Einzelheiten erreichen oder detailliertere Abhandlungen zum Römischen Reich und seinen Grenzen kennen lernen.

Die Erkenntnis des Fragmentarischen der Darstellung hat dazu geführt, dass sich der Autor schwer getan hat, das Manuskript in kurzer Zeit zu verfassen. Notwendig war offenbar ein «Reifeprozess», der die erforderlichen Kürzungen zuließ und der durch den öfters wiederholten aufmunternden Zuspruch des die Bände zur Antike in der Reihe Wissen betreuenden Lektors, Stefan von der Lahr, befördert wurde. Ihm sei daher für Geduld und Ausdauer, aber auch für das Festhalten an seinem Autor sehr herzlich gedankt. In den Dank einschließen möchte ich alle, die mich bei meinen Forschungen zum Limes bisher begleitet haben. Sie werden sich an der einen oder anderen Stelle des vorliegenden Textes wieder finden.

Römerkastell Saalburg –   *Ostern 2006*
Archäologischer Park   *Egon Schallmayer*

I. Einleitung:
Grenzen des Römischen Reiches

Die Römer haben – ausgehend von einer kleinen Siedlung an den Ufern des Tiber – ein Imperium aufgebaut, das zu Zeiten seiner größten Ausdehnung neben dem gesamten Mittelmeerraum mit Kleinasien, Palästina, Nordafrika und der iberischen Halbinsel das heutige England, Frankreich, Süddeutschland, Österreich und die Balkanstaaten einschließlich Rumäniens umfasste. Das von Rom über lange Zeit effektiv und einheitlich verwaltete Staatengebilde verband Orient und Okzident in einer Weise, wie dies bis heute nicht mehr erreicht wurde. Erst das gegenwärtige Bemühen der europäischen Staaten, unter Einschluss der Türkei ein vereintes Europa zu schaffen, knüpft an Vorstellungen an, die in der Antike Realität gewonnen hatten. Es nimmt nicht Wunder, dass die grundlegenden Verträge zur Einigung Europas 1957 in der Kapitale des antiken *Imperium Romanum*, der Ewigen Stadt Rom, geschlossen wurden und als die «Römischen Verträge» das Zusammenwachsen Europas in unseren Tagen eingeleitet haben.

Das riesige Reichsgebiet war in Provinzen eingeteilt, die jeweils von senatorischen oder kaiserlichen Provinzstatthaltern verwaltet wurden. Ein professionell arbeitender Staatsapparat mit Einrichtungen der Militär- und Zivilverwaltung hat über Jahrhunderte hinweg trotz mancher Krisen politische und rechtliche Stabilität aufrechterhalten.

Die Außengrenzen des Römischen Reiches wurden gesichert. Dort, wo keine natürlichen Grenzlinien wie etwa Flüsse vorhanden waren, markierten die Römer ihre Reichsgrenze durch die Anlage von *limites*. Dabei spielte die Grenzmarkierung im völkerrechtlichen Sinne eine besondere Rolle. Durch die Verlegung der römischen Truppen unmittelbar an die Limeslinie besaßen die Grenzeinrichtungen auch einen militärischen Charakter. Dieser bestand aber nicht darin, feindliche Angreifer aus dem *barbaricum* – dem Land jenseits der römischen Grenze – an dieser Linie mit militärischen Mitteln etwa im Sinne eines Stellungskrieges zu binden und aufzuhalten. Vielmehr betrieben die am Limes stationierten Truppen eine weitreichende Vorfeldaufklärung, die es der römischen Militärverwaltung ermöglichte, potenzielle Angriffe auf das Reich und seine Provinzen bereits im Vorfeld abschätzen und geeignete Gegenmaßnahmen einleiten zu können. Erst im 3. Jahrhundert n. Chr. brachten Kriegshandlungen an mehreren Fronten das Grenzsystem ins Wanken: Groß angelegte germanische Einfälle führten zu einer Erschütterung in den Nordwest- und Donauprovinzen, die mit der Aufgabe des Obergermanisch-Raetischen Limes verbunden waren, während kriegerische Auseinandersetzungen mit den Persern Gebietsverluste an der Euphratgrenze im Osten mit sich brachten. Rom reagierte mit Änderungen bei der Grenzsicherung, die bereits in die Spätantike verwiesen: Eine neue Grenzlinie entstand mit den militärischen Festungsanlagen an Donau, Iller und Rhein. In England sollten die Kastelle der Saxon Shore an der Nordsee- und Kanalküste die germanischen Invasionsbestrebungen vom Festland abwehren. Entlang der Donau, im Zweistromland und im Norden Afrikas wurden mächtige Verteidigungsbauten errichtet. Diese Neuausrichtung ermöglichte eine tiefere Staffelung der stehenden Heeresverbände im Hinterland der Grenze. Gleichzeitig schuf Rom teilweise stark gepanzerte, flexible Reiterverbände zur Abwehr der auf schnellen Pferden vorgetragenen feindlichen Angriffe. Dieses System entfaltete immerhin bis weit ins 5. Jahrhundert hinein seine Wirkung, ja es wurde im Byzantinischen Reich im Osten fortentwickelt.

Im Wesentlichen dienten die Limeslinien in Britannien, an Rhein und Donau, in den Karpaten, am Euphrat und in Nordafrika als wirtschafts- und gesellschaftspolitisches Steuerungsinstrument der römischen Provinz- und Zentralverwaltung. Indem es durch die Sperranlagen gelang, Handelsströme und Bevölkerungsbewegungen auf ganz bestimmte Limesdurchgänge zu leiten, schuf sich der römische Staat die Möglichkeit, einerseits den aus den einzelnen Provinzen ausgehenden und in das Reich hineinführenden Handel zu kontrollieren, ordnend einzugreifen und Zölle zu erheben, andererseits den Zuzug ganzer Bevölkerungsgruppen je nach internem Bedarf zu regulieren. Damit stellten die *limites* in den einzelnen Provinzen aber kein waffenstarrendes und undurchdringliches Grenzsystem ähnlich dem ehemaligen «Eisernen Vorhang» mit seinem «Todesstreifen» dar, wie dies die ältere Forschung vermutet hat, sondern eine «Linie der Begegnung», an der Völkerschaften miteinander in Kontakt traten, die auf unterschiedlichen kulturellen und zivilisatorischen Niveaus lebten. Indem das römische Grenzsystem durch seine Funktion als Demarkationslinie dieses Kultur- und Zivilisationsgefälle räumlich eindrücklich dokumentierte, wurde es für die einen, die römischen Provinzbewohner, zu einer Klammer des integrativen staatlichen Selbstverständnisses, für die anderen, den aus den Gebieten jenseits kommenden Völkerschaften und Stämmen, aber zu einer Linie, die zu erreichen und zu überwinden – gerade in Zeiten zunehmender Ressourcenknappheit auf germanischer Seite – als notwendig erstrebenswertes Ziel galt. War sie doch geeignet, Begehrlichkeiten zu wecken, an der besseren Lebenswelt des *Imperium Romanum* auf welche Art und Weise auch immer teilhaben zu können. Somit schuf wohl gerade das Limessystem eine wesentliche Stimulanz für die Völkerwanderungszeit.

An vielen Stellen entlang der Außengrenzen des ehemaligen Römischen Reiches haben sich die Überreste der verschiedenen Limeslinien erhalten. Sie sind zu einem herausragenden Forschungsobjekt der Provinzialrömischen Archäologie geworden. Besondere Bedeutung für die Herausbildung dieses Wissenschaftszweiges in der Archäologie erhielt die Limesforschung in Deutschland. Hier grenzte der römische Limes in der Antike die Provinzen Obergermanien *(Germania superior)* mit der Hauptstadt *Mogontiacum*/Mainz und Rätien *(Raetia)* mit der Hauptstadt *Augusta Vindelicum*/Augsburg gegen das «freie Germanien», die *Germania magna*, ab. In der Forschung erhielt das größte Bodendenkmal auf deutschem Boden deshalb den Namen «Der Obergermanisch-Raetische Limes».

I. Zum Verständnis des Begriffs «*limes*»

Wenn wir die Bedeutung des lateinischen Wortes *limes* zu er-
klären suchen, stoßen wir zunächst auf einen Begriff, der im
Zusammenhang mit der Erschließung eines Raumes und der
Einteilung eines Geländes steht. *limes, limitis m. (maskulinum)*
– entstanden aus der Zusammensetzung von *limus* «quer» mit
einem Verbalnomen *-it* «gehend» – bedeutet einen Weg, eine
Bahn, die etwas durchquert, z. B. die Feldflur, den Wald, den
Himmel, das Meer, die Masse der Feinde usw. Im weitesten
Sinne steht *limes* für jede Art von gebahntem Weg oder breiter
offener Bahn, wodurch je nach Kontext auch eine engere oder
weitere räumliche Auslegung der Wortbedeutung vorgenommen werden kann. Bei den römischen Landvermessern Frontinus oder Hyginus bezeichnet *limes* in der Landwirtschaft
den Grenzweg zwischen zwei Grundstücken, d. h. eine Besitz-
grenze, die durch Grenzsteine *(termini)* markiert sein konnte.

Im militärischen Sinne stellt *limes* eine Bahn dar, die zur Erschließung strategisch wichtiger Gebiete von römischer Seite
aus in Feindesland, d. h., sowohl in offene Landschaften als
auch besonders in Wälder und Gebirgsgegenden vorgetrieben
wird. In diesem Sinne lassen sich bereits die großartigen Straßenbauten des republikanischen Rom, die in einem militärpoli-
tischen Kontext zu sehen sind, als *limites* bezeichnen. So diente
z. B. die seit 312 v. Chr. ausgebaute *via Appia* nicht nur als
Gräberstraße in der Nähe der *urbs aeterna*, sondern auch als
Mittel zur Eroberung neuer Territorien. Ihre Streckenführung
folgt dem Fortgang der Eroberung Süditaliens durch Rom in
den Samnitenkriegen und den Kämpfen mit Pyrrhus im vierten
und dritten vorchristlichen Jahrhundert.

Auch bei der Eroberung der Provinzen außerhalb des ita-
lischen Mutterlandes sind die Römer nach dem Schema der
Schaffung von militärbewehrten Straßen vorgegangen, die wie
Schneisen *(limites)* in das neu eroberte Land hineinreichen. So
entstanden Kolonien und Militärlager entlang der großen Tra-
versalen in Gallien, etwa der die Narbonensis mit Aquitani-
en (Toulouse) und der Atlantikküste (Bordeaux) verbindenden

viae Narbone Tolosam et Burgidalam oder auch entlang der dem Rhonetal von Arles nach Lyon folgenden linken Uferstraße und ebenso entlang des von der letztgenannten, im Herzen Galliens gelegenen Stadt, über Trier nach Köln bzw. Mainz an den Rhein führenden Fernweges. Der jeweilige Straßenverlauf dürfte letztlich wohl auch auf militärstrategische Erfahrungen in verkehrstopographischer Hinsicht zurückgehen, die Caesar während des Gallischen Krieges (58–51 v. Chr.) sammeln konnte. Während unter Augustus das Voralpenland mittels der von den Alpenpässen nach Norden führenden Vormarschwege erobert wurde – eine der Straßen wurde unter Claudius später zur *via Claudia* ausgebaut – führten die Militärstraßen bei den zunächst erfolgreichen Vormärschen der römischen Legionen in das rechtsrheinische Germanien entlang der Flusstäler der Lippe, der Lahn, des Mains und durch die Wetterau bis zur Elbe. Die Erinnerung an einige von ihnen hat die späteren Vormärsche der Heere Vespasians und Domitians geleitet. Bei der Eroberung Britanniens unter Kaiser Claudius spielte der von Exeter über Cirencester und Leicester nach Lincoln führende Fosse Way eine bedeutende Rolle. In der von Truppenlagern seit der Eroberung Südenglands unter Aulus Plautius (43–47 n. Chr.) besetzten Römerstraße vereinigte sich das Schema Vormarschweg mit dem der Grenze, der so genannten Plautianischen Limeslinie. Sie diente als Rückgrat für die weitere Okkupation sowohl des walisischen Raumes als auch des Gebietes der *Brigantes* in Nordengland.

Auch die Eroberung der Donau- und Balkanprovinzen sowie Syriens und Mesopotamiens wäre ohne schneisenartig in das Land geführte Militärstraßen nicht möglich gewesen. Noch bei der Eroberung Dakiens durch Traian (101–106 n. Chr.) wurde die vom Legionslager Viminacium an der rechtsseitigen Donau über Sarmizegethusa nach Nordosten führende Verbindung zunächst als militärische Vormarschstraße ausgebaut, ehe sie die Rolle eines Hauptverkehrsweges im Innern der Provinz zwischen der Donau und der dann linearen Grenzeinrichtung des *limes Porolissensis* im nördlichen Karpatenbecken übernahm. Auch die von Antiochia nach Süd- und Nordost führenden, teilweise alten Karawanenrouten folgenden Vormarschwege, auf denen noch Traian im persischen Krieg (114–117 n. Chr.) den ostsyrischen Raum erschloss, gingen schließlich in die linearen Grenzsysteme des palmyrenischen und des Euphratlimes über.

Für die Anlage und das Aussehen des Limes in Germanien spielt die Beschreibung einer Militäraktion während des Feldzuges in den «Kriegslisten» *(strategemata)* des römischen Militärschriftstellers Sextus Julius Frontinus eine wichtige Rolle. Er hatte am Krieg Kaiser Domitians gegen die in den Gebieten des heutigen Mittel- und Nordhessen siedelnden Chatten teilgenommen und berichtet für das Jahr 83 n. Chr.: *«Als die Germanen nach ihrer Gewohnheit aus Waldschluchten und dunklen Verstecken heraus die Römer immer wieder überfielen und dabei einen sicheren Rückzug in die Tiefen des Waldes hatten, ließ Kaiser Domitian mehrere breite Schneisen* (limites) *120 Meilen (177,6 km) in den Wald vortreiben. Er bewirkte dadurch nicht nur eine Veränderung in der Art der Kriegsführung, sondern auch, dass die Feinde, deren Schlupfwinkel er bloßgelegt hatte, sich ihm unterwarfen».* Das Wort *limites* besitzt hier also die Bedeutung von «Schneisen», die von den vorrückenden römischen Truppen in den Wald geschlagen werden, um den in einer Art Guerilla-Taktik von der Seite angreifenden Feinden erfolgreich begegnen zu können. Die Darstellung von Frontin wird immer wieder bemüht, wenn es um Aussagen über Funktion und Aussehen des Limes in Germanien geht. War die Anlage der *limites* in den chattischen Wäldern noch eine militärtaktische Maßnahme während des Feldzuges oder darf in ihnen bereits die lineare Einrichtung der römischen Reichsgrenze, des späteren Limes, gesehen werden?

Wie es scheint, beschreibt Frontin «eine strategische Maßnahme zur Veränderung der Bedingungen der Kriegsführung». Das heißt, die in das Feindesland geschlagenen Schneisen gehören «in den Rahmen der damals üblichen römischen Angriffs- und nicht etwa der Verteidigungsmaßnahmen». Dies bedeutet aber, dass sie im Zusammenhang mit einem militärtechnischen Vorgang innerhalb einer römischen Offensive stehen und nicht

etwa die vorbereitenden – defensiven – Maßnahmen zur Einrichtung einer Provinzgrenze in der Form des Limes darstellen,
wie wir ihn kennen. Die Bedeutung *limes* an dieser Stelle ist
deshalb im Sinne einer Art «militärischer Rollbahn» zu verstehen. Somit können dann auch die bereits unter Kaiser Vespasian bei der Eroberung der Gebiete rechts des Mittel- und
Oberrheins in der ersten Hälfte der 70er Jahre des 1. Jahrhunderts n. Chr. angelegten und mit Truppenlagern besetzten Vormarschstraßen mit dem Wort *limes* bezeichnet werden.

Die Bedeutung von *limes* im Sinne von Reichsgrenze bildet
sich demnach erst später heraus. Während weitestgehend die
republikanische und frühe Kaiserzeit noch keine Reichsgrenzen (*fines imperii*) in völkerrechtlich verbindlichem Sinne
kannten, führt erst die von Augustus seinen Nachfolgern gege-
bene Empfehlung, das Reich innerhalb der gewonnenen Ausdehnung zu sichern, zum Verständnis einer Festlegung von
Reichsgrenzen. In diesem Sinne ist die Angabe *limites imperii
et ripae* (Land- und Flussgrenzen) zu verstehen, die auch in
einer Textstelle in der Schrift *Agricola* des römischen Schrift-
stellers Tacitus aus dem Jahr 98 n. Chr. erscheint. Tacitus beschreibt die militärischen Rückschläge in Germanien und Pannonien unter Kaiser Domitian und dass dabei «*nicht mehr nur
Grenzwall* [limes] *und Grenzfluss* [ripa]*, sondern auch die
Winterlager der Legionen und Reichsgebiet in Gefahr*» gewesen seien. Aus dieser Textstelle wird deutlich, dass die Römer
gegen Ende des 1. Jahrhunderts n. Chr. mit *ripa et limes* tatsächlich die Abgrenzung ihres Machtbereiches über Land und
am Flussufer im Sinne einer regelrechten Grenze zu bezeichnen
begannen. Dazu passt eine weitere Textstelle, die ebenfalls bei
Tacitus, dieses Mal in seiner Schrift *Germania* zu lesen ist.
Hier heißt es nach der Beschreibung des Siedlungsvorganges
gegen Ende des 1. Jahrhunderts n. Chr. und der Bewohner des
Landes jenseits von Rhein und Donau, das als «Zehntland»
(*agri decumates*) bezeichnet wird: «*Bald darauf wurden die
Grenzschneise* [limes] *angelegt und die Wachen* [praesidia]
*vorgeschoben; seither gilt das Gebiet als Vorland des Reiches
und Teil der Provinz*». Die Römer haben also in diesem Falle

ein Gebiet in ihren Machtbereich einbezogen, indem sie eine Grenzschneise anlegten und diese durch die Einrichtung von Lagern *(praesidia)* überwachten. Offenbar dieser Vorstellung noch verpflichtet ist sogar die Verwendung des Begriffs *limes* in der Spätantike, wo er bei Ammianus Marcellinus Mitte des 4. Jahrhunderts geradezu in der Bedeutung von Grenzmark oder Grenzgebiet erscheint. Auch das spätrömische Militärhandbuch *(notitia dignitatum)* bezeichnet selbst ganze militärische Verwaltungsbezirke in Grenzlage als *limites*. Diese werden von Limitan- und Ufertruppen *(milites limitanei et riparienses)* bewacht, wobei noch die alte Unterscheidung in Land- und Flussgrenzen aufscheint.

Die Bezeichnung von *limes* als Grenze zwischen römischem und nichtrömischem Gebiet lässt sich schließlich der bekannten Stelle aus der Lebensbeschreibung Kaiser Hadrians von Aelius Spartianus für das Jahr 122 n. Chr. entnehmen. Hier heißt es: *«Zu jenen Zeiten wie auch sonst öfter trennte er [Hadrian] die vielen Gegenden, in denen die Grenze gegen die Barbaren nicht durch Flüsse, sondern durch künstliche Sperren [limites] gebildet wird, die Barbaren vom Reichsgebiet durch ein System von großen Pfählen, die nach Art eines mauerähnlichen Geheges tief eingerammt und miteinander verbunden wurden»*. Hier kann *limes* nur als Anlage im Sinne einer völkerrechtlich verbindlichen Demarkationslinie interpretiert werden.

Damit ergibt sich ein deutlicher Unterschied gegenüber der bisherigen Beschreibung des Limes als Reichsgrenze zu erkennen, die zuweilen noch aus der älteren Forschung z. B. der der Reich-Limeskommission heraus tradiert wird. Damals standen noch – dem Zeitgeist entsprechend – Bewertungen aus einem vor allem militärischen Blickwinkel im Vordergrund. Es waren Vorstellungen von der römischen Grenze zu Germanien hin, die von dem Bild stark befestigter, vermeintlich unüberwindlicher Verteidigungslinien bestimmt waren.

Der sich aus oben angeführter Interpretation erschließende Bewusstseinswandel der Römer im Umgang mit den Rändern ihres Imperiums zu Beginn des 2. Jahrhunderts n. Chr., als sie daran gingen, die Grenzen zu markieren und ihr Reich einzuzäunen, also *limites* einzurichten, ist bemerkenswert, galt doch bis dahin das offensive, imperiale Moment bei der Betrachtung der Welt aus römischer Sicht, wie dies Cicero treffend zum Ausdruck gebracht hatte: «*fines provinciae fuerint qui gladiorum atque pilorum* – *Die Grenzen des Reichs reichen so weit wie die Macht seiner Schwerter und Lanzen.*» Das Imperium Romanum verstand sich somit bis zu dieser Zeit als unendlich, gleichsam wie die moderne Deutung des Universums, das sich bei seiner Ausdehnung selbst Raum schafft!

Zwischen dieser Staatsdoktrin Ciceros und dem Bau der ersten Anlagen am Limes – in einer Zeitspanne von 150 Jahren – hatte sich in den Köpfen der Menschen, und besonders in denen der handelnden Personen etwas bewegt, denn der Limes manifestierte im Grunde genommen ab jetzt nicht nur die Aufgabe der imperialen und auf Erweiterung ausgerichteten Staatspolitik. Er dokumentierte vielmehr das Eingeständnis der Defensive, des sozusagen tatsächlich «An-die-Grenzen-der-Macht-gekommen-Seins».

2. Der Limes als Reichsgrenze: Entstehungsgründe und Grenzpolitik

Es war der von 117–138 n. Chr. regierende Kaiser Publius Aelius Hadrianus, der diese Selbstbeschränkung des römischen Staatswesens durch das Errichten von Palisaden in einer physischen Weise durchführte und damit die Grenzen des Reiches in einem staatsrechtlichen Sinne markierte.

Warum ist es zu dieser historischen Kehrtwende in der römischen Außen- und Grenzpolitik gerade unter diesem Kaiser gekommen? Mehr noch als sein Vorgänger auf dem Kaiserthron, Marcus Ulpius Traianus (98–117 n. Chr.), hatte auch Hadrian die normale Karriere eines römischen Senators durchlaufen: Er diente mit Auszeichnungen als Legionstribun, wurde Legionskommandeur und schließlich Provinzstatthalter in Syrien, bevor er den Kaiserpurpur erhielt. Stets hatte er seinem Vorgänger loyal gedient und galt als dessen Nachfolger, wenngleich sich offenbar Traian noch bis zuletzt geweigert hatte, ihn zu adoptieren. Trotz der Nähe in operativen Dingen waren beide Männer erkennbar unterschiedlichen Charakters. Traian war Soldat schon seiner äußeren Erscheinung nach. Seine Herrschaft drückte sich in ganz besonderem Maße durch militärische Tätigkeit aus. Er suchte den Kampfesruhm und wollte offenbar seine herrscherliche Tüchtigkeit *(virtus imperatoris)* durch die Eroberung weiterer Provinzen unter Beweis stellen. Hadrian, der Griechenfreund, ein Schöngeist, umfassend gebildet und kenntnisreich, von intensiver Reiselust geprägt, die ihn als Kosmopoliten an alle Stätten der griechisch-römischen Zivilisation führte, war eher ein Mann des Friedens und der Stabilität.

Der Niedergermanische Limes

Doch blicken wir zunächst auf die Geschichte der *limites.* Nach der Eroberung Galliens durch Caesar (100–44 v. Chr.) und der Strukturierung der gallischen Provinz, vor allem unter den Statthalterschaften des Marcus Vipsanius Agrippa (64/63–12 v. Chr.), bildete der Rhein die Reichsgrenze zur *Germania magna* hin. Den Fluss verstand man wohl als Limes und damit auch als sichtbare Grenze gegen das Barbarengebiet. Nachdem unter Augustus 15 v. Chr. das Alpenvorland erobert worden war, wurden für die anstehenden Feldzüge des Drusus zur Eroberung Germaniens bis zur Elbe starke römische Verbände, Legionen und Hilfstruppen, aus dem Inneren Galliens an den Rhein verlegt und dort – zumeist gegenüber strategisch wichtigen Punkten wie den Flussmündungen von Lippe, Lahn, Main und Neckar – stationiert. Wahrscheinlich sicherte eine Reihe von Kastellen, möglicherweise die bei dem Schriftsteller Florus (2. Jahrhundert n. Chr.) erwähnten über 50 Kastelle, die Drusus anlegen ließ, das linke Rheinufer. Für die Absicherung der Feldzüge in das Innere Germaniens zwischen 12–9 v. Chr. waren diese Vorkehrungen von größter Bedeutung. Von Xanten und Mainz aus, den beiden wichtigsten Militärbasen am Rhein, erfolgten die Vorstöße in das rechtsrheinische Gebiet. Bedingt durch die Niederlage des Varus und den Untergang von drei Legionen im «Teutoburger Wald» (9 n. Chr.) – das Schlachtfeld wird heute in Kalkriese bei Osnabrück vermutet –, beschränkte man sich in den nächsten Jahren auf eine Konsolidierung der Rheingrenze und verfolgte eine defensive Grenzpolitik am Niederrhein. Unter Tiberius wurden die Legionen in den Standlagern von *Bonna*/Bonn, *Colonia Claudia Ara Agrippinensium*/Köln, *Novaesium*/Neuss und Xanten/ (Vetera I) stationiert. Möglicherweise besaßen sie Militärgelände östlich des Flusses. Anschließend wurde das niedergermanische Heer ebenso wie die Kastelle am Rheinufer verstärkt. Dabei dürfte es sich bereits um Maßnahmen gehandelt haben, die im Zuge von Vorbereitungen des Britannienfeldzuges zu sehen sind, den Claudius zur Eroberung der britischen Insel in den Jahren 42/43 n. Chr. unternahm. Eine künstliche Grenze, etwa einen Palisadenzaun, hat es zu keiner Zeit am Niederrheinischen Limes gegeben. Allerdings zeigen jüngste Ausgrabungen am Oude Rhine bei Utrecht, dass das linke Rheinufer in claudischer Zeit von hölzernen Wachttürmen, die von einem Zaun umgeben waren, überwacht wurde. Dies mag auch für die anderen Uferabschnitte des Flusses gelten, doch haben hier Flussbettverlagerungen, Rheinbegradigungen und moderne Bebauung die Uferzonen seit der Antike erheblich verändert. Zur selben Zeit entstand auch die Kette von Auxiliarkastellen entlang des Stromes zwischen *Matilo*/Leiden-Roomburg und *Albaniana*/Alphen a. d. Rijn bis nach *Rigomagus*/Remagen, dem südlichsten Kastell am Niedergermanischen Limes. Der Vinxtbach *(ad fines)*, die Grenze zu Obergermanien, ist von hier aus nur noch knapp 10 km entfernt. Flottenstationen konnten durch Ausgrabungen in *Fectio*/Bunnik-Vechten am nördlichen und sicher in Köln-Mariental («Alteburg») am mittleren Niederrhein nachgewiesen werden.

Durch den Bataveraufstand 68/69 n. Chr. und die Wirren nach dem Selbstmord Neros kam es zu Zerstörungen vor allem zahlreicher Kastellanlagen am Niederrhein, die alsbald durch Vespasian wieder in Stand gesetzt wurden. Unter den Flaviern behielt man die Truppenpräsenz bei. Seit Traian bildeten die in Bonn *(legio I Minervia)* und Xanten *(legio XXX Valeria Victrix)* stehenden Truppen die Stammlegionen der Provinz Niedergermanien.

Eine Verstärkung des Niedergermanischen Limes erfolgte nach Aufgabe der obergermanisch-raetischen Grenze um 260 n. Chr. durch eine stärkere Staffelung der militärischen Kräfte am Fluss und in dessen linksseitigem Hinterland. Dazu bestand – vergleichbar mit den obergermanischen Brückenköpfen bei *Castellum*/Mainz-Kastel, *Lopodunum*/Ladenburg oder *Castrum Rauracense*/ Kaiseraugst – in Niedergermanien der Brückenkopf und das Kastell von *Divitia*/Köln-Deutz.

Wenn es am Niedergermanischen Limes im Jahr 275 n. Chr. auch zu einem massiven und auf breiter Front vorgetragenen Einbruch der Franken kam, konnte doch die Rheingrenze stabilisiert und noch weit bis ins 5. Jahrhundert n. Chr. hinein gehalten werden.

In Obergermanien war die neue Grenzlinie ein Erbe des Chattenkriegs (83–85 n. Chr.) Kaiser Domitians (81–96 n. Chr.), an dessen Ende es diesem – so die kaiserliche Propaganda – allem Anschein nach gelungen war, das endlich zu erreichen, was selbst Augustus nicht gelungen war, nämlich Germanien in eine tributpflichtige Provinz zu verwandeln.

Mit der Einrichtung der Provinzen stellte sich die Grenzfrage wie von selbst. In Niedergermanien war sie leicht zu entscheiden gewesen, denn hier diente der Rhein zwischen seiner Mündung in die Nordsee und dem bereits erwähnten Vinxtbach, einem kleinen Flüsschen nördlich von Koblenz, als natürliche Grenzlinie. In Obergermanien musste man die Grenze auf einer künstlichen Linie definieren, die am Rhein bei Neuwied anfing, durch den Taunus verlief, die Wetterau umschloss, entlang des Mains und durch den Odenwald bis zum Neckar führte, um dort den Fluss begleitend auf den Alb-Donau-Limes zu stoßen. An die neue Grenze verlegte Traian nun die Truppen aus dem Hinterland, wo sie seit den 70er Jahren des 1. Jahrhunderts n. Chr. entlang von Vormarschstraßen parallel zum Rhein, durch den Schwarzwald und mitten durch die Wetterau hindurch gelegen hatten. Diese Verlegung in die Garnisonen an der neuen Linie, den *limes*, hatte den Vorteil, dass die Einheiten nun aus dem Limeshinterland versorgt werden konnten, wo sich allmählich eine zivile Besiedlung ausbreitete und die ersten

Verwaltungseinheiten *(civitates)* mit zentralem Mittelpunktsort, von denen aus das Umland verwaltet wurde, entstanden. Im nordmainischen Raum wurde damals z. B. die für Taunus und Wetterau zuständige Gebietskörperschaft *(civitas Taunensium)* mit dem Hauptort *Nida*/Frankfurt-Heddernheim geschaffen. Aber auch das Vorgelände des Limes ließ sich nun von den Kastellen aus überwachen und sogar das Limesvorland im Kontakt mit den unmittelbar vor dem Limes wohnenden Germanen nutzen. Ohnehin erfolgte von den neuen Stellungen aus eine weit in die Limesvorlande reichende Vorfeldaufklärung.

Die Limeslinien in Britannien

Die Konsolidierung der germanischen Provinzen unter Traian mit der Bestimmung der Grenzlinie zwischen Rhein und Donau stand in Verbindung mit der Einrichtung einer weiteren Grenzschneise im Norden Englands, der so genannten «Stanegate», die nach 103 n. Chr. begonnen wurde. Es handelte sich um eine steinerne Straße, die als strategisch wichtige und von Auxiliarlagern, Kleinkastellen und Wachttürmen gesicherte Verbindungslinie die Insel zwischen Tyne und Solway von Ost nach West durchquerte und von der aus Patrouillen in den heute schottischen Raum unternommen werden konnten. Diese befestigte Grenzlinie war die Vorläufereinrichtung des Hadrian's Wall, der auf Beschluss dieses Kaisers ab 122 n. Chr. auf einer etwas nördlich der «Stanegate» gelegenen Linie ausgeführt wurde, die vor allem die topographischen Verhältnisse einer Landschaftsstufe, des «Gateshead», am Nordabfall der Pennines ausnutzte. Der Hadrian's Wall war zunächst durchgängig als Steinmauer geplant. Wohl infolge Mangels an geeignetem Baumaterial, aber auch aufgrund strategischer und möglicherweise auch tagesaktueller Planungsänderungen erhielt die Hadrianische Mauer jedoch einen komplizierteren Aufbau und weist demzufolge auch chronologisch verschiedene Bauabfolgen auf. Die Lager an der «Stanegate» dienten dabei als Rückhalt bei der Ausführung der Baumaßnahmen an der neuen Grenze durch Baudetachements der in Britannien stationierten

Legionen *(II Augusta, XX Valeria Victrix, VI Victrix)*. An der Linie wurde nach jeder Meile ein Kleinkastell (milecastle) errichtet und jeweils zwei Brücken gebaut, die sowohl durch die Mauer als auch in das Hinterland führten. Im Jahr 124 n. Chr. erfolgte eine Änderung des Gesamtkonzeptes. Die Truppen wurden von der Stanegate aus direkt an den Hadrian's Wall vorverlegt. Insgesamt wurden 12 weitere Lager zwischen *Maia* (Bowness-on-Solway) im Westen und *Segedunum* (Wallsend) im Osten an die Grenze geschoben, mehrere Kastelle lagen zum Schutz der westlichen Flanke und der Wall-Grabenanlage vor der Linie, die damit auch hier ihrem strategischen Ziel entsprach, «Barbaren und Römer zu trennen» *(Historia Augusta, Hadrian* 12,6).

An jedem Kastell befand sich ein Übergang über das Vallum (vallum-crossing). Der Effekt des Vallums bestand darin, den Limesbereich zu definieren und den Zugang zu dieser Militärzone auf die bestehenden Eingänge zu lenken. Das ganze Grenzsystem des Hadrian's Wall diente wohl nicht nur der Trennung der Römer von den Barbaren, sondern vor allem der Trennung ungebändigter Stämme, wie etwa der *Selgovae* und *Brigantes*. Am Hadrian's Wall stand bis 139/140 n. Chr. eine Armee von ca. 12 000 Mann. Dann wurden die Einheiten abgezogen, das Vallum eingeebnet und die Tore der milecastles entfernt. Die Maßnahmen standen im Zusammenhang mit einer Vorverlegung der Grenze unter Antoninus Pius (138–161 n. Chr.). An die Rückseite des neuen Walles wurden in geringem Abstand zueinander Kleinkastelle ähnlich den milecastles am Hadrian's Wall angelegt sowie zwischen Kastell Old Kilpatrick am Firth of Clyde und dem Kastell in Carriden *(Velunia)* insgesamt 16 Militärlager errichtet, die an der Rückseite des Walles angebunden und untereinander durch eine Militärstraße verbunden waren. Die neue Linie, der Antoninus Wall, teilte das Zentrum Schottlands. Einige Außenposten schützten den östlichen Teil der Grenze gegen die Völkerschaften im Norden. Der Sinn der neuen Grenzlinie ist nicht klar, vermutlich lag der Hadrian's Wall zu weit im Hinterland und hatte deshalb keine Feindberührung mehr. Denkbar ist aber auch, dass militärische

Interessen auf Erweiterung des Provinzgebietes zielten. Der Antoninus Wall war kaum fertig gestellt, als er aufgrund des Drucks nördlicher Stämme und militärischer Unruhen im Süden kurz nach der Mitte des 2. Jahrhunderts n. Chr. aufgegeben und die römischen Truppen wieder an den Hadrian's Wall zurückbeordert wurden. Zwar erfolgte schon 165/166 n. Chr. die Wiederbesetzung der Grenze in den Schottischen Highlands, doch musste sie zwei Jahre später endgültig geräumt werden. Die Soldaten wurden erneut an den Hadrian's Wall zurückverlegt. Dieser blieb bis zum Beginn des 5. Jahrhunderts die Provinzgrenze in Britannien, abgesehen von einer kurzen Interimsphase zu Beginn des 3. Jahrhunderts, in der Septimius Severus (193–211 n. Chr.), nachdem die Hadrianische Mauer bei feindlichen Angriffen aus dem Norden überrannt worden war, Schottland wieder erobern wollte. Die Einrichtung des Obergermanisch-Raetischen Limes und die Grenzbefestigung in Britannien erfolgte im Zusammenhang mit den Vorbereitungen der militärischen Aktionen, die Traian (98–117 n. Chr.) für die Folgejahre an der mittleren und unteren Donau plante.

Der Donaulimes

Die Sicherung der Donaugrenze im Gebiet des heutigen Österreich und Ungarn *(Noricum, Pannonia)* setzte verstärkt in flavischer Zeit ein und steht im Zusammenhang mit der Umsetzung einer Gesamtkonzeption, die die Sicherung der Eingangsstelle der Bernsteinstraße in das Imperium und des Flusslaufs der Donau sowie die Überwachung der jenseits des Flusses gelegenen Pußta- und Theißebenen vorsah. Im späten 1. Jahrhundert n. Chr. erfolgt die Anlage zahlreicher Kastelle am südlichen Donauufer zwischen Passau-Innstadt und Zeiselmauer. Während bereits seit augusteischer Zeit noch starke römische Verbände in *Poetovio (legio VIII Augusta)* und bei *Siscia (legio VIIII Hispana)* lagen und in erster Linie die römischen Eroberungen auf dem Balkan sichern sollten, deutet sich kurz nach der Zeitenwende – wohl bedingt durch das mächtig gewordene Markomannenreich im Gebiet Böhmens und Mährens nördlich der Donau – eine Verschiebung der militärischen Sicherung im Nordosten des Reiches an.

Auch die Provinzwerdung Pannoniens in claudischer Zeit dürfte hiermit in Verbindung gebracht werden. Die Abgrenzung weiter Gebiete jenseits der Donau sowie die Kontrolle dieser Flussgrenze wie auch des kostengünstigen Handelsweges zwischen Zentraleuropa und dem Schwarzen Meer spielten gleichfalls eine Rolle in der römischen Grenzpolitik. Unter Domitian und Traian wurden Truppen aus dem Hinterland konsequent an die Donau verlegt, die aufgegebenen Lager wie *Siscia*, *Poetovio* oder *Gorsium* existierten als zivile Plätze weiter. Epigraphische Zeugnisse wie Militärdiplome oder zahlreiche Grab- und Weihesteine überliefern die starke militärische Präsenz in den pannonischen Provinzen, die allein 17 Auxiliarkohorten und 10–12 Alae (Reitergeschwader) umfasste. Allein in Oberpannonien *(Pannonia Superior)* wurden jetzt mit der *legio X Gemina* in *Vindobona*, der *legio XIIII Gemina* in *Carnuntum* und der *legio I Adiutrix* in *Brigetio* gleich drei Legionen stationiert, die die Bedeutung dieses Grenzabschnitts verdeutlichen.

Der militärische Schwerpunkt an den Nordgrenzen des Reiches verlagerte sich im letzten Viertel des 1. Jahrhunderts n. Chr. deutlich in den Donauraum, bedingt wohl auch durch Unruhen im Gebiet der Daker, die unter ihren Königen Burebista und in flavischer Zeit (69–96 n. Chr.) unter Decebal zu einer ernsthaften Gefahr für das pannonische Gebiet wurden. Der verlustreiche Krieg Kaiser Domitians gegen die Daker (85–88 n. Chr.) sowie gegen Markomannen, Quaden und Sarmaten (89 bzw. 92 n. Chr) zog ebenfalls starke Militärpräsenz und den weiteren Ausbau des Donaulimes nach sich. Eine deutliche Verstärkung trat nach den Dakerkriegen Kaiser Traians (101/102 und 105/106 n. Chr.) ein, an dem zahlreiche Truppenteile aus der Nachbarprovinz Pannonien teilgenommen hatten. Die hier zu Beginn des 1. Jahrhunderts n. Chr. stationierten Legionen verblieben in festen Standlagern zum dauerhaften Schutz der Provinzen. In dieser Zeit dürften auch die Kastelle von *Gerulata*/Rusovce oder *Ad Mures*/Àcs-Bumbumkût am nordpannonischen Limesabschnitt fertig gestellt worden sein. Wohl in traianischer Zeit entstanden die Auxiliarkastelle zwischen *Ulcisia Castra*/Szentendre, *Vetus Salina*/Adony oder *Ad Statuas*/Vardomb im Süden der Pannonia Inferior. Der Grenzabschnitt bis zur 86 n. Chr. gegründeten Provinz *Moesia superior* wurde von Auxiliarkastellen zwischen *Lugio*/Dunaszekcsö, *Altinum*/Kölked, *Ad Novas*/Zmajevac, *Teutoburgium*/Dalj, *Cornacum*/Sotin und *Bononia*/Banostor gesichert. Dieser erhielt Verstärkung durch das Legionslager von *Singidunum*/Belgrad *(legio IV Flavia?)* und das unter Traian errichtete Lager von *Viminacium*/Kostolac *(legio VII Claudia?)*.

Die großen infrastrukturellen Vorarbeiten im Vorfeld und im Verlauf des Dakerkrieges Kaiser Traians zeigen die Straßenanlagen im Hinterland sowie die von Apollodorus von Damaskus errichtete Donaubrücke bei *Drobeta*/Turnu Severin. Nach den Dakerkriegen wurden die unter Domitian in Moesien stationierten Legionen an der Donau neu verteilt. Der östliche und stark durch Einfälle gefährdete Abschnitt der Provinz *Moesia inferior* wurde durch die *legio I Italica* in *Novae*, die *legio XI Claudia* in *Durostorum* und die *legio V Macedonica* in *Troesmis* verstärkt. Zahlreiche Kastelle am Verlauf der Donau wurden nach Abschluss der Dakerkriege aufgebaut, zunächst nur als reine Holzkastelle, im Verlauf des 2. Jahrhunderts n. Chr. nach den Markomannenkriegen als Steinbauten.

Der Limes in Dakien

Der Donauabschnitt der Provinzen *Moesia superior* und *inferior* wurde an der mittleren Donau durch die Einrichtung der Provinz Dakien unter Traian und der Beruhigung der politischen Verhältnisse unter Hadrian und Antoninus Pius entmilitarisiert. Grund dafür war der nun eingerichtete dakische Limes, der als Wall-Graben-System die Nordgrenze der neuen Provinz, vor allem aber die Erzressourcen des dakischen Karpatenbeckens gegen äußere Gegner sicherte. Hier lagen die *legio XIII Gemina* in *Apulum*/Alba Julia, später auch die *legio V Macedonica* in *Potaissa*/Turda.

Verschiedene Limesabschnitte und Kastellketten wurden in traianisch-hadrianischer Zeit angelegt, so im nordwestlichen Bereich Dakiens zwischen den Kastellplätzen von *Resculum/* Bolaga, Buciumi, Romanasi und *Porolissum/*Moigrad. Unter Hadrian begann man – bedingt durch verwaltungstechnische Vorgänge bei Aufteilung Dakiens in die Provinzen *Dacia superior, Dacia Porolissensis* und *Dacia inferior* – mit der Installation starker *limite*s entlang der Aluta *(limes Alutanus)*, die zu Beginn des 3. Jahrhunderts n. Chr. durch nach Osten vorgeschobene Posten *(limes Transalutanus)* verstärkt wurden. Die Notwendigkeit der umfangreichen Sicherungsmaßnahmen zeigte sich während der Kämpfe gegen Markomannen und Quaden sowie bei der Reichskrise in der Mitte des 3. Jahrhunderts n. Chr.: Die massiven Einbrüche barbarischer Stämme in den Markomannenkriegen und die Zerstörungen am mittleren Donaulimes zeigten die Grenzen der Belastbarkeit der Norisch-Pannonischen Grenzverteidigung klar auf. Die Stationierung der neu ausgehobenen *legiones II* und *III Italica* in *Lauriacum/*Enns-Lorch und *Castra Regina/*Regensburg sowie die Instandsetzung der meisten Kastellplätze in Stein sorgte zwar für eine merkliche Beruhigung der Grenze, die bis in die severische Zeit anhielt. Aber wohl gleichzeitig mit den Alamanneneinfällen in die Provinzen *Germania Superior, Raetia* und *Noricum* wurden auch Pannonien und Moesien durch Einfälle der Goten, Quaden, Sarmaten und Carpen getroffen. Auch wenn die Militärpräsenz im Karpatenraum enorm war, gelang es nicht mehr, Dakien dauerhaft gegen die massiven Barbareneinfälle aus dem Nordosten zu sichern. Unter Kaiser Aurelian wurde die Provinz im Jahre 271 n. Chr. aufgegeben.

Die notwendige Reorganisation des Limes unter Aurelian (270–275 n. Chr.) und Probus (276–282 n. Chr.) führten schließlich zu einer Neukonzeption der Donaugrenze bis zum Schwarzen Meer unter Diokletian und Konstantin. Der Bau stark befestigter Kastellanlagen und Steintürme *(burgi)* am rechten Donauufer und im Bereich der heutigen Dobrudscha im Osten unter Valentinian brachte wie auch an der Rheinfront eine zeitweilige Konsolidierung der Verhältnisse. Das System zerbrach allerdings nach dem Tod Valentinians 375 n. Chr. und der verheerenden Niederlage Roms gegen die Goten bei Adrianopel 378 n. Chr. Wenn auch durch Ansiedlungen barbarischer Stämme im Reichsgebiet am Ende des 4. Jahrhunderts n. Chr. Rom nochmals das Gesetz des Handelns an der mittleren und unteren Donau erreichte, war der bereits im Zerfall begriffene Donaulimes beim großen Hunneneinbruch des Jahres 451 n. Chr. nach *Noricum* nicht mehr zu halten.

Die Limeslinien im Orient:
Syrien, Mesopotamien und Arabien

Noch im Jahr des Sieges über die Daker gliederte Traian das mit Rom befreundete Nabatäerreich mit seiner Hauptstadt Petra im heutigen Jordanien als Provinz *Arabia* in das *Imperium Romanum* ein. Damals entstanden die ersten Anlagen des Palästinensischen und Arabischen Limes entlang der von *Bostra*, dem Lager der *legio III Cyrenaica*, nach Aila am Roten Meer erbauten Straße *(via Traiana Nova)*. Unter Septimius Severus wurden die Limeseinrichtungen verstärkt, an der von *Bostra* in den Osten führenden Karawanenroute entstanden weitere Kastelle sowie vorgeschobene Posten, wodurch die römische Militärpräsenz verstärkt wurde. Zum einen konnten die noch einmal eroberten Gebiete an Euphrat und Tigris angebunden, zum anderen die durch den Zusammenschluss von Kamelzüchternomaden entstandenen und ständig in das Provinzgebiet einfallenden Großstämme abgewehrt werden. Unter Diokletian (284–305 n. Chr.) verstärkte sich durch die Erfindung des Kamelreitsattels der Druck dieser *Saraceni* auf die Provinz, weshalb man zusätzlich Garnisonen in der Nähe wichtiger Verkehrswege und Wasserstellen anlegte. Jetzt entstand mit dem Lager der *legio IV Martia* in Lejjūn im Zentrum ein tiefgestaffeltes Grenzsicherungssystem mit Militärstraßen, Kastellen, Wachttürmen und Stadtfestungen, wodurch es den Römern möglich wurde, die Karawanenrouten nach Innerarabien zu überwachen. Mithilfe beweglicher Reitertruppen, die in der Limeszone stationiert waren, versuchten sie den einfallenden

Nomaden zu begegnen. Im Verlauf des 5. Jahrhunderts n. Chr. gab die oströmische/byzantinische Verwaltung gegen Geldzahlungen die Grenzsicherung in die Hände einzelner Beduinenscheichs, worauf gegen Ende des Jahrhunderts die Grenzfunktion verloren ging.

Der mittlere und nördliche Orientlimes richtete sich gegen den Hauptgegner Roms im Osten – die Perser. Seit dem römisch-parthischen Vertrag des Jahres 96 v. Chr. galt der Euphrat als Interessengrenze der beiden Großmächte. Mit der Annexion Armeniens und der Kommagene durch Vespasian im Jahr 74 n. Chr. trafen diese am Fluss unmittelbar aufeinander. Vespasian legte mit der Anlage einer Grenzsicherungslinie durch den Bau einer von *Palmyra* nach *Sura* in den Norden führenden Straße den Grundstein für den so genannten syrischen Steppenlimes. Er sollte die bäuerliche Bevölkerung schützen und folgte in etwa einer hier gegebenen meteorologischen Linie, nämlich der 200 mm Jahresniederschlagsgrenze. Bei *Sura* traf die Straße auf den Euphrat, über den sie die Verbindung zu dem in der gleichen Zeit entstehenden Pontischen Limes am Schwarzen Meer im Norden herstellte, wo Flottenstützpunkte wie etwa *Trapezus*, *Apsaros* und *Phasis* die Küste und die Schifffahrt vor räuberischen Überfällen schützen sollten. Den eigentlichen Euphratlimes sicherten starke, über eine Straße miteinander verbundene Legionstruppen in *Satala*, *Melitene*, *Samosata* und *Zeugma* zusammen mit einer Reihe von Auxiliarkastellen, darunter die Lager für die *ala II Flavia Agrippiana* bei Tille Höyük und die *cohors I milliaria Thracum* bei Tall al-Hagg. Von den Kastellplätzen aus wurden zumeist die großen Ost-West-Verbindungen nach Kleinasien systematisch abgeriegelt.

Im Jahr 115 n. Chr. eröffnete Traian den Krieg gegen die Parther und drang mit seinen Legionen tief nach Mesopotamien ein. Er unterwarf das Land und rief die Provinzen *Armenia* und *Assyria* aus. Allerdings zeigten sofort einsetzende Rückschläge – die Parther konnten Teile der gewonnenen Gebiete wieder zurückerobern und im Vorderen Orient brach der jüdische Aufstand aus – dass der Kaiser die Kräfte des Reiches überdehnt hatte, obwohl es sich im Rückblick der Geschichtsschreibung gesehen auf dem Höhepunkt seiner Macht und im Zustand seiner größten flächenmäßigen Ausdehnung befand. Traian musste daher noch auf seinem Sterbebett im Jahre 117 n. Chr. erkennen, dass seine großartigen Pläne, das Partherreich und die Gebiete an Euphrat und Tigris dem Römischen Reich einzuverleiben, gescheitert waren. Sein Nachfolger Hadrian stabilisierte die Grenzlinie entlang des Euphrat. Mark Aurel (151–180 n. Chr.) gelang es, einen südlich des Flusses gelegenen Landstreifen bis *Dura Europos*, Biblada und Eddana zu annektieren. Den erneuten Versuch der Eroberung des persischen Zweistromlandes unternahm schließlich Septimius Severus am Ende des 2. Jahrhunderts n. Chr. Er verlegte die Grenze weiter nach Südosten auf die von dem Fluss Chaboras zwischen *Kirkesion* und Arabana sowie von hier aus durch die Landgrenze bis Balad am Tigris gebildete Linie. Das Rückgrat der neuen Grenze bildeten nun neben der Hauptstadt *Nisibis* weitere Stadtfestungen. Die in das Hinterland führenden Straßen wurden von Kastellen gesichert. Aber auch dem severischen Okkupationsversuch war kein bleibender Erfolg beschieden und die weit in das Zentrum des nördlichen Zweistromlands vorgeschobenen Posten von *Hatra* und *Dura Europos* mussten nach harten Kämpfen und mehrmaligem Frontwechsel schließlich bis zur Mitte des 3. Jahrhunderts n. Chr. aufgegeben werden. Als kurz nach der Mitte des 4. Jahrhunderts die Perser Nordmesopotamien mit *Nisibis* eroberten, die Römer den Westen Armeniens okkupierten, ergab sich eine neue, nahezu schnurgerade gezogene Grenzlinie von *Apsaros* am Schwarzen Meer bis nach *Kirkesion* am Euphrat, die bis in die frühbyzantinische Zeit Bestand hatte.

Die Limeszone in Nordafrika – Von Mauretanien bis Ägypten

Einen durchgängigen Limes hat es am Südrand der römischen Provinzen Nordafrikas nicht gegeben. In der *Mauretania Tingitana* wurde schon vor Einrichtung der Provinz in tiberischer Zeit (14–37 n. Chr.) die wichtige Verbindungsstraße von *Tin-*

gis in das Landesinnere an den Kreuzungspunkten zusammen mit den wichtigsten Wadiläufen militärisch gesichert. Als Sicherheitszone kann man das Umfeld der Städte *Volubilis*, *Banasa* und der Kastelle von *Thamusida* und Souk el Arba bezeichnen, die mit einem Wadi eine kontrollierte Grenze darstellten. Der Zentralort *Volubilis* wurde mit einem Gürtel befestigter Orte und Kastellanlagen umgeben, eine hohe Truppenpräsenz sicherte das Gelände mittels Wachttürme entlang der Wadis, also entlang der nur gelegentlich wasserführenden Flussläufe. Im Süden der Provinz *Mauretania Tingitana* wurde allerdings ein Grabensystem *(fossatum)* vergleichbar dem großen Graben des Antoninus Walls in Schottland angelegt. Er war 10 km lang, verfügte über Wall sowie teilweise eine Palisade und bestand seit dem Ende des 1. Jahrhunderts n. Chr. in mehreren Abschnitten. Damit dürfte es sich um ein echtes Annäherungshindernis gehandelt haben, das willkürliches Überschreiten der Grenze verhindern sollte. Auf einer Breite von 350 km lag Niemandsland zwischen dem *limes Volubilitanus* und dem Limes in der Nachbarprovinz *Mauretania Caesariensis*. Hier entstanden gegen Ende des 1. Jahrhunderts n. Chr. südlich entlang der Mittelmeerküste die ersten Anlagen. Mitte des 2. Jahrhunderts n. Chr. wurde diese Linie weiter ausgebaut und von Auzia aus in einem Bogen das vorgeschobene hadrianische Kastell *Gemellae* angebunden. Im 3. Jahrhundert n. Chr. verlegte man die gesamte Linie auf einer Länge von etwa 700 km weiter nach Süden. Die ins Landesinnere führenden Straßen wurden durch Streckenposten gesichert. Vorgeschobene Posten wie *Castellum Dimmidi* oder das genannte *Gemellae* waren so erreichbar und dürften in erster Linie den Waren- und Personenverkehr aus dem Gebiet der Garamanten und Gaetuler kontrolliert haben. Die Kastellplätze von Aflou und El Gahra am Rande der Sahara blockierten die hier am Nordrand der Wüste verlaufenden Karawanenwege. Es nimmt nicht Wunder, dass an diesen Orten auch Inschriften auf die Anwesenheit von Beneficiariern hinweisen, einer Legionscharge, die Kontrollfunktionen im Sonderauftrag des Statthalters durchführte. In der benachbarten Provinz *Numidia* wurde im Verlauf des 2. Jahrhunderts n. Chr. neben der Stationierung der *legio III Augusta* in *Lambaesis* die Provinz durch die Anlage einer Reihe von Grenzkastellen gesichert, die die Straßenverbindungen und Bevölkerungsbewegungen in die Provinz hinein kontrollieren sollten. Bereits in flavischer Zeit sicherte man den Süden Numidiens entlang der Verbindungsstraßen mit Kastellanlagen *(Remada, Castellum Tibubuci, Ad Turres)*, die im Gebiet des Chott el Djerid unter Hadrian zusätzlich verstärkt wurden. Die immer wieder im Binnenland vorgenommenen Legionsstationierungen *(Ammaedara, Theveste, Lambaesis)*, die Kontrolle strategisch wichtiger Gebiete (Aures-Gebirge) sowie die schon unter Traian erfolgte Ansiedlung von Pflanzstädten *(Thamugadi)* unterstützten die friedliche Entwicklung und Prosperität der *Africa proconsularis*.

Der *limes Tripolitanus* ist in der Mitte des 3. Jahrhunderts n. Chr. in einzelne Sektoren unter der Aufsicht örtlicher *tribuni* (Abschnittskommandanten) unterteilt worden, die dem *praepositus limitis Tripolitani* (Oberbefehlshaber) unterstanden. Sie dürften in erster Linie der militärischen Sicherung der kleineren Küstenorte, Straßenstationen und Siedlungen sowie der Küstenstraßen gedient haben. Dabei beeindruckt die Vielfalt der Befestigungen, die von Kleinkastellen, Abschnittswällen, Mauern, Aussichts- und Beobachtungstürmen gebildet werden. In der Cyrenaica dürfte – wie auch in Ägypten, wo man zahlreiche Kastell- und Wachtturmanlagen nachgewiesen hat – der militärische Schutz sowie die Kontrolle von Wasserstellen und Verkehrsverbindungen wohl bei den Städten gelegen haben.

In Ägypten kam dem Limes, dessen Anlagen östlich und westlich des Niltals sowie in Unterägypten erhalten sind, eine starke wirtschaftliche Bedeutung zu. Der so genannte Eastern Desert Limes verband *Kainopolis* am Nil mit Abu Sha'ar am Roten Meer. Er bestand von augusteischer Zeit bis ins 7. Jahrhundert. Über ihn wurden die dem Kaiser vorbehaltenen Porphyrsteinbrüche des *mons Claudianus* und *mons Porphyrides* erschlossen.

Der Limes, die statische Reichsgrenze

Hadrian, der unmittelbar nach dem Tode Traians von den Truppen zum Kaiser ausgerufen worden war, stoppte nach seinem Regierungsantritt sofort die kostspielige und nur halb geglückte Eroberungspolitik seines Vorgängers in Mesopotamien, ja er machte sie sogar teilweise rückgängig, indem er eroberte Gebiete zurückgab. Diese Entscheidung erfolgte aus pragmatischen Gründen und in der Einsicht, dass die Ressourcen des Reiches endlich waren. Hadrian war zudem ein tüchtiger und umsichtiger Feldherr, der die Armee neu organisierte, insbesondere die soldatische Disziplin stärkte und zur stationären Sicherung der Reichsgrenze überging. Die örtlich ausgehobenen Truppen wurden nicht mehr in andere Reichsteile verlegt, sondern an Ort und Stelle eingesetzt, eine Maßnahme die den Romanisierungsprozess in den Provinzen beschleunigte. Mit der Errichtung der Limespalisade schuf er nun an der obergermanisch-raetischen, mit dem Bau der Hadrianischen Mauer an der britannischen Grenze ein stabiles Grenzsystem. Ein unbeobachteter Übertritt barbarischer Stämme und Bevölkerungsteile, die sich im Hinterland ansiedeln wollten, oder Übergriffe kleinerer Banden, die versuchten, in den Siedlungen hinter dem Limes zu plündern, konnten jetzt leicht verhindert werden. Jeglicher Personenverkehr ließ sich kontrollieren und der Handel konnte auf ganz bestimmte Grenzdurchgänge gelenkt werden, wo Zölle und Ausfuhrsteuern erhoben wurden. Die Verteidigung der Provinzen musste ohnehin bereits im Vorfeld des Limes erfolgen. Da ähnliche *limites* auch in anderen Teilen des Reiches eingerichtet bzw. bereits vorhandene Ansätze weiter ausgebaut wurden, hatte Hadrian also tatsächlich die staatspolitische Grenze des *Imperium Romanum* etabliert. Das, was nach Erreichen des Zustandes in hadrianischer Zeit an den einzelnen Grenzabschnitten erfolgte, waren nur noch leichte Grenzkorrekturen, die topographischen und bestenfalls regionalen strategischen Sachverhalten geschuldet waren, oder weitere Ausbaumaßnahmen zur Verbesserung der Garnisonen und Wachtürme. Zu einer nochmaligen Gebietserweiterung in den britannischen, obergermanischen und raetischen Provinzen ist es lediglich unter Kaiser Antoninus Pius (138–161 n. Chr.) um die Mitte des 2. Jahrhunderts n. Chr. gekommen. Dieser Kaiser gab die Hadrianische Mauer, den Odenwald-Neckar-Limes und die ältere raetische Grenzlinie auf und verlegte die Grenze jeweils 20 bis 30 km weiter nach vorne. So entstand in Britannien der Antoninus Wall, in Obergermanien und Raetien der so genannte Vordere Limes.

Den Römern mag zwar ursprünglich eine Abgrenzung des Reichsgebietes durch genau festgelegte Staatsgrenzen in einem modernen Sinne fern gelegen haben, dennoch hatte die Anlage der *limites Romani* die Festlegung des römischen Machtbereiches durch Abgrenzung sowohl unterschiedlicher Rechtszustände als auch Wirtschaftsräume zur Folge. Dabei trugen Entwicklung, Verlauf und Aussehen der verschiedenen Limesstrecken den historisch-geographischen, politischen und sozioökonomischen Gegebenheiten im regionalen, aber auch überregionalen Zusammenhang Rechnung. Die *limites* selbst nahmen nach ihrer Einrichtung Einfluss auf die Geschehnisse im jeweiligen Vor- und Hinterland sowie auf die Interaktionen zwischen Römern und Barbaren entlang der Grenzlinien. Somit lässt sich nicht überall von einer einheitlichen römischen Grenzpolitik im Sinne gleich gestalteter Limeseinrichtungen sprechen. Allerdings haben die Römer in der ihnen eigenen pragmatischen Vorgehensweise die jeweiligen Bedingungen berücksichtigt. Herausgekommen ist ein «flexibles Reichsgrenzsystem», mit dem sich entlang der zum *barbaricum* gewandten Provinzen ein linear markiertes, sich in seiner physischen Ausprägung verstetigendes, aber dennoch nach außen durchaus gestaffelt wirksames Grenzkontrollsystem erreichen ließ, welches über lange Zeit die Verhältnisse an den Enden des Reiches friedlich und in einem sozioökonomischen Sinne ausgleichend oder sogar den Wohlstand (für beide Seiten) fördernd gestalten konnte. Seit der zweiten Hälfte des 2. Jahrhunderts n. Chr. kommt vor allem den *limites* an Rhein und Donau zunehmend die Aufgabe zu, in einer Politik der Öffnung und Abgrenzung zugleich die beschränkte und kontrollierte Aufnahme von in das Reich drängenden germanischen Bevölkerungsgruppen zu regulieren. Hier trafen sich sowohl germanische (Teilhabe an einer höheren Kultur) als auch römische (Aufsiedlung des Limeshinterlandes nach Bevölkerungsverlusten) Interessen. Darüber hinaus wirkte Rom von seinen *limites* aus stabilisierend auf die Vorgänge im Limesvorland, indem es immer wieder mit vertraglichen Regelungen versuchte, einen friedlichen Status quo zu erreichen. Somit ist in dem Konzept der *limites et ripae*, der rechtsverbindlichen und rechtssichernden Land- und Flussgrenzlinien, das seitens Rom als staatspolitische Option formulierte Angebot zur Friedenssicherung auf beiden Seiten zu sehen.

II. Der Obergermanisch-Raetische Limes – die einstige römische Reichsgrenze im heutigen Deutschland

Wenn der Besucher das Haupttor, die *porta praetoria*, des wieder aufgebauten Saalburg-Kastells bei Bad Homburg im Taunus passiert, wird er von der Statue des römischen Kaisers Antoninus Pius begrüßt. Wie nahezu jeder Imperator vor und nach ihm war auch er in besonderer Weise mit der Geschichte des Limes, der Grenze des römischen Imperiums, verbunden, vor allem auch in Germanien. Unter seiner Regierung um die Mitte des 2. Jahrhunderts n. Chr. wurde die Limeslinie in Obergermanien und Raetien noch einmal weiter nach Osten vorgeschoben. Die beiden Provinzen *Germania superior* und *Raetia* erreichten damit ihre größte räumliche Ausdehnung. Abgeschlossen war ein Prozess, der hier im Grunde mit den ersten Eroberungszügen des Kaisers Augustus um die Zeitenwende eingesetzt hatte – freilich damals noch mit dem Ziel der Schaffung einer gesamtgermanischen Provinz, deren Grenze man gerne an der Elbe gesehen hätte, die Kerngebiete der großen germanischen Stämme wie etwa der Hermunduren, Langobarden und Sueben umfassend.

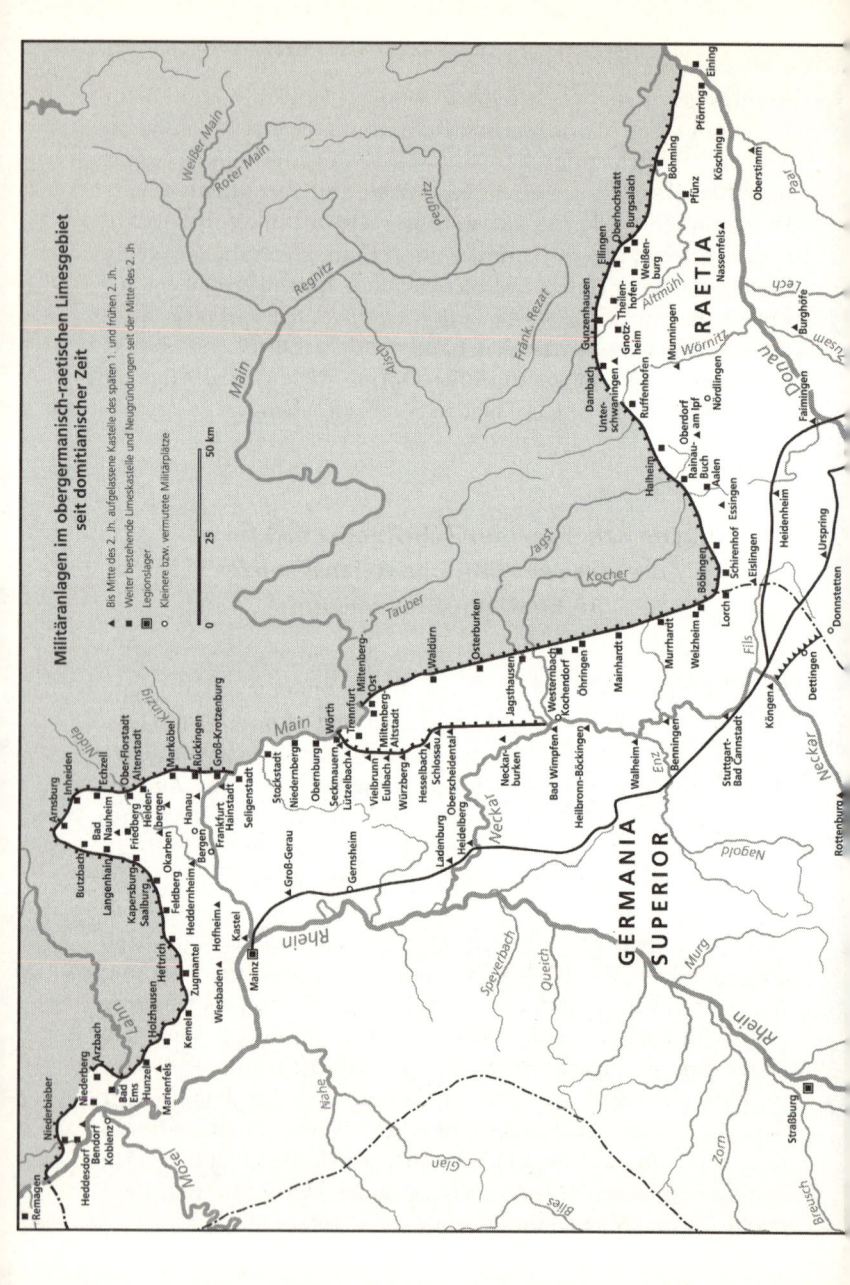

Militäranlagen im obergermanisch-raetischen Limesgebiet seit domitianischer Zeit

Bis Mitte des 2. Jh. aufgelassene Kastelle des späten 1. und frühen 2. Jh.
Weiter bestehende Limeskastelle und Neugründungen seit der Mitte des 2. Jh.
Legionslager
Kleinere bzw. vermutete Militärplätze

0   25   50 km

RAETIA

GERMANIA SUPERIOR

Wie eine Auffanglinie nimmt sich der Limes an den Nordgrenzen der Rhein- und Donauprovinzen gegenüber den germanischen Siedlungsräumen aus. Er markierte für jedermann
sichtbar die völkerrechtlich verbindliche Grenze des *Imperium
Romanum* zur *Germania magna* hin. In Deutschland besitzt
er als größtes archäologisches Bodendenkmal eine Länge von
550 km, an der sich an die 100 Kastelle und um die 900 Wachtturmstellen befinden. Von Neuwied am Rhein über Taunus
und den Wetteraubogen verläuft die römische Grenzlinie bis
zum Mainknie bei Hanau/Steinheim, um hier entlang des
Mains die «nasse Grenze» abzugeben, bevor sie über den
Odenwald und den Neckar entlang nach Süden auf den Alblimes trifft. Seit der Mitte des 2. Jahrhunderts n. Chr. wurde
die Mainlinie nach Süden bis Miltenberg verlängert. Von hier
aus verlief der Vordere Limes dann schnurgerade bis nach
Lorch an der raetischen Grenze, von wo er sich als raetischer
Limes nach Osten wandte, um in einem weiten Bogen das
Nördlinger Ries einschließend gegenüber Eining bei Regensburg auf die Donau zu treffen. An manchen Strecken, so vor
allem in den zusammenhängenden Waldgebieten wie Taunus,
Odenwald und Welzheimer Wald sind die römischen Grenzanlagen noch sehr gut erhalten. Aber auch im freien Gelände wie
etwa in Ostwürttemberg und Bayern lassen sich die Reste der
Grenze, hier der Raetischen Mauer, gut erkennen, die in alter
Zeit, als ihre Entstehungsgeschichte in Vergessenheit geraten
war, «Teufelsmauer» genannt wurde. Mancher Limesabschnitt
wird aber auch erst im Luftbild sichtbar.

I. Forschungsgeschichte

Bereits im 16. Jahrhundert hatten sich die Humanisten mit den
römischen Zeugnissen und Überresten, auch denen des Obergermanisch-Raetischen Limes (ORL) in Deutschland, beschäftigt. Meist sammelten sie die römischen Inschriften und deute-
ten sie nach ihrem Kenntnisstand. Im 18. Jahrhundert waren es
vor allem adlige Landesherren, die sich der Römerzeit widmeten
und noch meist unsystematische Ausgrabungen durchführten.

Im Jahre 1748 wurde von der Preußischen Akademie der Wissenschaften in Berlin die Preisaufgabe gestellt, zu untersuchen, «Wie weit der Römer Macht, nachdem sie über den Rhein und die Donau gesetzt, in Deutschland eingedrungen, was vor Merkmale davon ehemals gewesen und etwa noch vorhanden seien ...» Zu den Gelehrten, die sich daran beteiligten, gehörte der gräflich-hohenlohische Archivar in Öhringen, Christian Ernst Hanßelmann (1699–1775), der zu Recht als der erste bedeutende Limesforscher gilt. In zwei Bänden, die 1768 und 1773 erschienen, führte er die Ergebnisse eigener archäologischer Untersuchungen und bereits bekannter Nachrichten zusammen, konnte streckenweise den Verlauf des Odenwaldlimes nachweisen und sprach sich insgesamt für eine Datierung des Limes zwischen dem frühen 1. und dem frühen 3. Jahrhundert n. Chr. aus. Wenige Jahre später erschien die Schrift «Nachricht von den Alterthümern in der Gegend und auf dem Gebürge bey Homburg vor der Höhe» des Fürstlich-Hessisch-Homburgischen Regierungsrats Elias Neuhof (1724–1799), der als erster die Saalburg als «Schantze der Römer» erkannte. Das steigende Interesse an römischen Denkmälern führte nun auch regional zu den ersten Verordnungen, die dem Steinraub und der Ausplünderung römischer Denkmäler ein Ende setzen sollten. So erließ der Homburger Landgraf Friedrich V. 1818 erstmals eine Verordnung gegen das unkontrollierte Steinebrechen auf der Saalburg.

Begeistert für das klassische Altertum brachte Graf Franz I. zu Erbach-Erbach (1754–1823) von seiner Bildungsreise durch Italien im Jahr 1775 wertvolle Antiken mit und legte damit den Grundstock zu den Erbacher Sammlungen. Angeregt durch die Schriften Hanßelmanns wandte er seine Aufmerksamkeit dann aber den römischen Denkmälern des Odenwaldes zu und führte Ausgrabungen an einigen Kastellen und Wachtturmhügeln des Odenwaldlimes durch. Ab 1802 begann er, neben seiner Sommerresidenz Eulbach einen englischen Park anzulegen, in dem die ausgegrabenen Monumente und Architekturteile aus römischen Siedlungen und Kastellplätzen, unter anderem die aufgemauerten Kastelltore aus Eulbach und Würzberg, Aufnahme fanden.

Der Regensburger Geschichtsprofessor Andreas Buchner (1776–1854) stellte die Ergebnisse seiner Forschungen am Raetischen Limes in seinen Bänden «Reisen auf der Teufelsmauer I–III» vor, die zwischen 1818 und 1831 erschienen. Die weiteren Forschungen trugen seit der ersten Hälfte des 19. Jahrhunderts vor allem Geschichts- und Altertumsvereine, die in Bayern, Hessen, Baden und Württemberg entstanden und allerorts die lokale Grabungstätigkeit anregten. Die stark regional geprägte Forschung dieser Zeit war von der Erkenntnis bestimmt, dass es mit antiquarischem Sammeln allein nicht getan sei, sondern dass für weitere Erkenntnisse in der Limesforschung Untersuchungen im Gelände selbst notwendig seien. Durch die politische Neuordnung Napoleons wurde die Vielzahl kleiner Herrschaftsbereiche durch Flächenstaaten wie die Königreiche Württemberg und Bayern und die Großherzogtümer Baden und Hessen ersetzt, die bedeutende Anteile am römischen Limes besaßen. Damit erwachte auch gleichzeitig das staatliche Interesse an dem römischen Erbe, was sich durch zahlreiche Schutzbestimmungen und Forschungsaufträge an staatliche Organe zeigt. Auch bei der Landesvermessung auf den amtlichen Kartenwerken wurden die noch sichtbaren Spuren des römischen Limes in der Gestalt «alter Heerstraßen, Schanzen, Denkmale, Alterthümer» teilweise erfasst.

Trotz beachtlicher Erfolge, die die Vereinstätigkeiten und die Forschungen einzelner Persönlichkeiten der Limesforschung brachten, blieb eine Reihe von Fragen unbeantwortet. Der Verlauf einzelner Limesabschnitte war noch immer unklar, die Datierung und die zeitliche Abfolge der Bauten am Limes waren ebenso unsicher wie die Anzahl der dort errichteten Militärlager. Grundriss und Innenbebauung der Kastelle waren nirgends erfasst und schließlich fehlte eine zusammenfassende Publikation, die die einzelnen Anlagen am Limes, die Straßen und die rückwärtigen Einrichtungen in ihrer Gesamtheit in den historischen Kontext einordnete. Zunehmend setzte sich jedoch die Erkenntnis durch, dass nur eine Zusammenfassung der Limesforschung in einer einheitlichen Organisation die durch die lokale Forschung bedingte Zersplitterung überwinden konnte.

Der Hartnäckigkeit des Berliner Althistorikers und Nobel-
preisträgers Theodor Mommsen (1817–1903) war es schließlich zu verdanken, dass 1892 die Reichs-Limeskommission
gegründet wurde. Ihr Ziel war die Erfassung aller römischen
Militäranlagen und Straßen zwischen Nordschweiz und Rhein-
mündung. Die Kommission erhielt einen archäologischen und
einen militärischen Dirigenten. Die archäologische Arbeit vor
Ort wurde von meist nebenamtlich tätigen Streckenkommis-
saren durchgeführt, die sich schon länger mit dem Limes beschäftigt hatten. Sie berichteten die Ergebnisse ihrer Beobachtungen und Ausgrabungen an die Dirigenten, die diese auswer-
teten und für die anschließende Publikation redigierten. Gerade
von der militärhistorischen Beschreibung und Auswertung er-
hoffte sich der Preußische Generalstab neue strategische und
taktische Erkenntnisse für die eigene Arbeit, was sich allerdings
nicht erfüllte. Ab 1902 führte schließlich Ernst Fabricius, der
Nestor der deutschen Limesforschung, nur noch in der Funktion des archäologischen Dirigenten und Geschäftsführers der
Reichs-Limeskommission die Arbeiten weiter. Seiner unbeugsa-
men Energie und Schaffenskraft bis ins hohe Alter ist es zu verdanken, dass am Ende (1937) ein vierzehnbändiges Werk «Der
Obergermanisch-Raetische Limes des Roemerreiches» (ORL)
vorlag, das ausführlich über die vielfältigen Untersuchungen
und Forschungen am Limes berichtete. Die erzielten Ergebnisse
konnten sich sehen lassen, waren doch alle bis dahin bekannten
Limeskastelle (90), nahezu sämtliche Wachttürme (etwa 900)
und der exakte Verlauf der römischen Grenze im Gelände wenigstens «angegraben», in ihrem Grundriss ermittelt, mit ihrem
Fundmaterial charakterisiert und in Aufbau sowie strategisch-
topographischer Hinsicht, aber auch in ihrer Chronologie gedeutet und im Gelände festgelegt worden. Damit waren für die
Forschung die chronologischen Grundlagen geschaffen, eine
riesige Materialfülle im «Limeswerk», dem besagten ORL, aber
auch bereits in Arbeiten über einzelne Fundgattungen an anderen Stellen vorgelegt und ein nachvollziehbares Gesamtbild der
römischen Epoche in unserem Land entworfen. Systematisch
hatte man sich der Erforschung der Römerstraßen gewidmet,

und auch die zivilen Aspekte der römischen Provinzen auf dem Boden des damaligen Deutschen Reiches waren behandelt worden. Zum besseren wissenschaftlichen Austausch wurde die gesamte Limesstrecke vom Rhein bis zur Donau in 15 Streckenabschnitte eingeteilt und die Kastelle der gleichen Richtung folgend durchnummeriert. Die Wachtturmstellen wurden ebenfalls durchgezählt und erhielten eine Zahlenangabe, die sich aus der Streckennummer und der von West nach Ost aufsteigenden Zahl des Wachtpostens (WP) entlang der Strecke zusammensetzte. Meist erhielt die Turmstelle noch die zusätzliche Bezeichnung der örtlichen Flurgewann oder Waldabteilung. Z. B. bedeutet daher die Angabe «WP 4/5 – Am Grauen Berg», dass es sich bei diesem um die fünfte Turmstelle an der Strecke 4, dem Taunus- und westlichen Wetteraulimes, handelt.

Die Sicht auf die römische Epoche erhielt durch die intensive Beschäftigung mit dem Obergermanisch-Raetischen Limes und der Beteiligung zahlreicher altgedienter Militärs an der Limesforschung eine stark aus militärischer Sicht geprägte Ausrichtung. Dies ging auch sehr gut mit den bei Gründung der Reichs-Limeskommission aber auch in den Jahrzehnten danach vorherrschenden gesellschaftlichen Strömungen im zweiten deutschen Kaiserreich zusammen. Die Auswirkungen dieser stark auf das Militärische ausgerichteten Limesforschung sind zuweilen bis heute zu verspüren, wenn sich etwa hartnäckig die Ansicht hält, der Limes sei ein unüberwindliches, für den Stellungskrieg angelegtes Bollwerk gewesen. Limesforschung bedeutete aber schon zu Zeiten der Reichs-Limeskommission nicht nur die Erforschung des römischen Militärs. Sie umfasste, wie diese auch formulierte, «alle siedlungs- und kulturgeschichtlichen Aspekte der Eroberung und Besiedlung einer Grenzregion sowie die wirtschaftlichen Grundlagen, das Verkehrswesen und das Verhältnis zu den Nachbarn durch Handel und bei kriegerischen Auseinandersetzungen». Ernst Fabricius, der selbst diesen integrativen Aspekt bei seiner Tätigkeit verfolgte, betrachtete daher die Limesforschung keineswegs als abgeschlossen, vielmehr sprach er von einer «unerschöpflichen» Aufgabe.

Eine zu Zeiten der Reichs-Limeskommission viel diskutierte
Frage war die über den Verbleib der Funde aus den Grabungen.
Sollte das Fundmaterial auf die beteiligten Reichsländer aufge-
teilt oder an zentraler Stelle aufbewahrt werden? Als Reichs-
Limesmuseum konnte das wieder aufgebaute Saalburgkastell
dienen. Allerdings setzte sich am Ende das föderale Prinzip
durch: Das Saalburgmuseum erhielt lediglich die Original-
funde aus den Taunuskastellen und aus dem Mainkastell
Stockstadt, das Material von den anderen Limesabschnitten
wurde auf zahlreiche regionale Museen verteilt. Allerdings war
mit dem Wiederaufbau des Saalburgkastells bei Bad Homburg
im Taunus von 1897–1907 eine Einrichtung geschaffen, welche die Inhalte der Provinzialrömischen Archäologie auch in
pädagogischer Hinsicht einem interessierten Publikum vermitteln konnte. Das Bild der römischen Antike in unserem Land
wurde nicht zuletzt durch die wieder erstandenen Kastellbauten auf dem Saalburgpass bei vielen Menschen schon von
Kindesbeinen an geprägt.

Die 1902 gegründete Römisch-Germanische-Kommission
des Deutschen Archäologischen Instituts (RGK) setzte nach
Ende der Reichs-Limeskommission die Forschung am Limes in
Deutschland fort. Mit Recht kann diese Institution für sich in
Anspruch nehmen, die Belange der Römerforschung, vor allem
die der Beschäftigung mit dem Limes, bis heute in der inhalt-
lichen Nachfolge der Reichs-Limeskommission in besonderer
Weise vertreten zu haben.

Allerdings wurde die Römische Forschung in Deutschland
zunächst in den 30er und 40er Jahren situations- und ideolo-
giebedingt in den Hintergrund gedrängt, konnte aber nach
dem Zweiten Weltkrieg bis in die späten 90er Jahre durch zahlreiche Ausgrabungen und Forschungen von hoher Qualität
unzählige neue Erkenntnisse gewinnen. Neben der Archäologischen Denkmalpflege und den universitären Forschungsinsti-
tuten machten sich erneut die Geschichtsvereine um die Erforschung der Römerzeit in den deutschen Bundesländern ver-
dient, dies vor allem auf dem Gebiet des Publikationswesens.
Die 1956 in Bad Homburg und 1983 in Aalen veranstalteten

internationalen Limeskongresse führten jeweils zu einem beträchtlichen Forschungsfortschritt. Bis heute sind an nahezu allen Kastellen und unzähligen Wachtturmstellen Nachgrabungen und neue Beobachtungen erfolgt, die das Bild des Obergermanisch-Raetischen Limes viel konturenreicher nachzeichnen lassen.

Zunehmend dienen moderne wissenschaftliche Methoden der Erforschung der einstigen römischen Grenze: Verstärkt wird heute die Luftbildarchäologie eingesetzt, mit deren Hilfe neue Militärplätze entdeckt werden können. Dies lässt ein schärferes Bild der einzelnen Besetzungsphasen nachzeichnen. Durch die Lokalisierung zahlreicher *villae rusticae* (Landgüter/Bauernhöfe) im Limeshinterland wird eine differenziertere Sicht der Besiedlungsgeschichte in römischer Zeit ermöglicht. Geophysikalische sowie -magnetische Messmethoden und naturwissenschaftliche Untersuchungen wie Dendrochronologie, Archäobotanik, Anthropologie und chemische Analysen tragen beträchtlich zu neuen Forschungsergebnissen bei. Bei der Dendrochronologie handelt es sich um ein Verfahren zur Bestimmung des Alters archäologischer Funde mit Hilfe der Jahresringe von Hölzern, die aus demselben Fundkomplex stammen. Die Archäobotanik hingegen widmet sich der wissenschaftlichen Untersuchung der erhaltenen Reste von Kultur- und Wildpflanzen, um die ökologische Rahmensituation eines Fundes zu erschließen, aber auch beispielsweise Aufschlüsse über den Anbau bestimmter Getreidearten zu gewinnen und so etwa Aussagen über die Ernährung einer antiken Siedlungsgemeinschaft treffen zu können. Besonders in dem von der Deutschen Forschungsgemeinschaft finanzierten Forschungsschwerpunkt «Romanisierung» wurden seit 1993 auch Fragen der römisch-germanischen Interaktion vor dem Hintergrund naturwissenschaftlicher Forschungsergebnisse diskutiert.

Die noch immer beeindruckenden Reste des Obergermanisch-Raetischen Limes werden seit 1999 durch die Einrichtung des *Vereins Deutsche Limesstraße e. V.* verstärkt in das öffentliche Bewusstsein gerückt. Der Verein, dessen Geschäftsstelle sich an dem bedeutenden römischen Kastellort Aalen befindet, wird von den am Limes gelegenen Kreisen und Kommunen getragen und bewirbt den Limes in touristischer Hinsicht.

Mit den Vorbereitungen des Antrages an die UNESCO um Aufnahme des Obergermanisch-Raetischen Limes in die Liste des Welterbes der Menschheit und der am 15. Juli 2005 erfolgten Anerkennung treten die Überreste des längsten Bodendenkmals Deutschlands erneut verstärkt in den Mittelpunkt der wissenschaftlichen Arbeit. Diese ist nun im Sinne des gegenüber der UNESCO formulierten Managementplanes eingebunden in die nachhaltige Sicherung durch die archäologische Denkmalpflege, die allgemein verständliche Vermittlung durch die Limesmuseen und die touristische Erschließung für die Bevölkerung.

Für die Archäologie und Geschichte sowie insgesamt für die Landeskunde kommt der Erforschung der Römerzeit und des Limes eine große Bedeutung zu. Neben der Aufdeckung und Interpretation ihrer materiellen Strukturen hat die Deutung der ideellen und zivilisatorischen Leistung der römischen Geschichte und Kultur im Sinne der Übermittlung abendländischer Tradition gleiches Gewicht. Hier gilt es, die erzielten Forschungsergebnisse dem Publikum in allgemein verständlicher Form zu vermitteln.

2. Limesgeschichte

Julisch-claudische Zeit (27 v. Chr.–68 n. Chr.)

Es hatte einige Zeit gedauert, bis sich die Römer von der vernichtenden Niederlage erholten, die der Feldherr Publius Quinctilius Varus (ca. 46 v.–9 n. Chr.) im Jahre 9 n. Chr. gegen germanische Stämme unter Führung des Cheruskers Arminius erlitten hatte. Nach dieser und weiteren gescheiterten Unternehmungen gaben sie acht Jahre später die Pläne des römischen Kaisers Augustus auf, Gesamtgermanien bis zur Elbe zur römischen Provinz zu machen. Von jetzt an verfolgten sie das Konzept der Vorfeldsicherung der Rheinlinie durch die Schaffung eines Kordons aus germanischen Siedlungsgebieten. Seit

spätaugusteisch-tiberischer Zeit wurden die Mattiaker, wohl
ein Teilstamm der Chatten Mittel- und Nordhessens, im Rhein-
gau und um *Aquae Mattiacae*/Wiesbaden herum angesiedelt.
Diese Ansiedlung gehörte wohl zu einem Gesamtkonzept, das
bereits kurze Zeit vorher im Falle der auf die linke Seite des
Ober- und Mittelrheins umgesiedelten Wangionen, Nemeter
und Triboker aufgegriffen und mit der Ansiedlung der oberrheinswebischen Gruppen im Mainmündungsdreieck um Groß-
Gerau, auf dem Neckarschwemmfächer um Ladenburg und
gegenüber Straßburg bei Diersheim am Oberrhein abgeschlossen werden konnte. Lediglich von der Germanengruppe um
Ladenburg kennen wir den Namen: Es handelt sich um die
Suebi Nicrenses, die später – ebenso wie die Mattiaker – zu
einer eigenen Verwaltungseinheit (*civitas*) in der Provinz Obergermanien fanden. Sowohl dieser Name als auch das archäo-
gische Fundgut aus den Siedlungs- und Gräberfeldbereichen
der nun im rechten Rheintal ansässigen Germanen dokumentiert, dass die neuen Siedlergruppen aus dem elbgermanischen
Raum stammten, aber auch Verbindungen zu germanischen
Siedlungsgebieten in Böhmen aufwiesen. Ein Teil der Neusiedler dürfte daher aus dem untergegangenen Markomannenreich
des Häuptlings Marbod an den Rhein gekommen sein. Die
intensiven Kontakte zwischen den Römern und diesen Germanen zeichnen sich durch reiche römische Importfunde, darunter auch Waffen, in den Gräbern von Groß-Gerau und Diersheim ab. Vermutlich dürfte es sich dabei um aus römischen
Soldzahlungen angeschaffte Güter oder direkte römische Ent-
lohnung für die von den Germanen im Vorfeld der Rheinlinie
geleisteten Milizdienste handeln.

Einen entscheidenden Einschnitt in die Geschichte des
rechtsrheinischen Obergermanien stellte der von Gallien ausgehende Aufstand gegen Kaiser Nero (54–68 n. Chr.) im Jahr
68 n. Chr. dar, in dessen Folge Nero durch Selbstmord endete.
Dabei kam es auch zur Erhebung der Rheinarmee, die den Chef
des niederrheinischen Heeres, Aulus Vitellius, zum Kaiser aus-
rief. Zur Durchsetzung seines Herrschaftsanspruches wandte
sich dieser mit seinen Truppen nach Italien. Aus den nun fol-

genden Thronkämpfen der Prätendenten Galba, Otho, Vitellius und Vespasian ging letzterer als neuer Kaiser hervor. An der von Truppen entblößten Rheinfront kam es zum Bataveraufstand, in dessen Verlauf am Mittelrhein auch verbündete Chatten, Usipeter und Mattiaker über den Fluss vorstießen und sogar das Legionslager Mainz belagerten. Der gegenüber von Mainz seit claudischer Zeit (41–54 n. Chr.) von den Kastellen Wiesbaden und Hofheim gebildete Brückenkopf ging verloren. Großflächige Brandschichten dokumentieren die Zerstörung dieser Lager.

Flavische Zeit (68–96 n. Chr.)

Der neue Kaiser, Titus Flavius Vespasianus (68–79 n. Chr.), widmete sich sofort energisch der Wiederherstellung der römischen Oberherrschaft. Eine riesige Armee zog nach Gallien, wo der Aufstand alsbald zusammenbrach. In den Militäranlagen am Rhein waren im Zuge der Auseinandersetzungen enorme Schäden entstanden. Diese galt es auszubessern. Darüber hinaus war ein neues militärisches Konzept zu entwerfen, das in Zukunft ähnliche gefährliche Situationen an der Rheinfront verhindern sollte. Der Ausgriff auf die Gebiete rechts des Ober- und Mittelrheins schien das Gebot der Stunde zu sein. Der römische Militärapparat hatte nämlich während der Aktionen im Zuge des Aufstandes und der sich gleichzeitig entwickelnden Thronkämpfe schmerzlich feststellen müssen, dass schnelle Truppenbewegungen von der Donau zur Rheinfront nicht möglich waren. Wie ein Keil schob sich das rechtsrheinische Vorgelände zwischen Wetterau und Hochschwarzwald in das Reichsgebiet. Die verlegten Heeresabteilungen hatten stets den Umweg um das Rheinknie bei Basel zu machen oder konnten bestenfalls eine Abkürzung über die Straße vom Rhein über Sasbach, Riegel und Hüfingen nach Vindonissa/Windisch in der heutigen Nordschweiz nehmen. Der neue Kaiser, der die Situation an der Rheinlinie seit seinem Dienst als Chef der in den 40er Jahren des 1. Jahrhunderts n. Chr. in Straßburg stationierten *legio II Augusta* kannte, widmete sich daher sehr intensiv der Eroberung eines breiten Gebietsstreifens rechts des

Ober- und Mittelrheins. In den Jahren 74/75 n. Chr. besetzten römische Truppen unter Führung des Legaten Cnaeus Pinarius Cornelius Clemens das Gebiet zwischen Wetterau und Schwarzwald. Zur Sicherung wurden Truppenlager entlang der alten oder neu eingerichteten Vormarschwege angelegt. Ausgangspunkte stellten dabei jeweils die Legionslager dar.

Von dem mit den Legionen *I Adiutrix* und *XIV Gemina Martia Victrix* besetzten Doppellegionslager Mainz aus waren über die alte augusteische Vormarschroute durch die Wetterau die militärischen Befestigungen von Mainz-Kastel, Wiesbaden, Hofheim, wohl Höchst, Frankfurt-Heddernheim, Okarben und Friedberg an die Rheinlinie angebunden. Zur Versorgung dieser Kastellplätze dienten Nachschubbasen, die am Main eingerichtet wurden und deren Charakter im Falle des Frankfurter Domhügels vor einiger Zeit näher untersucht werden konnte. In den Kastellen befanden sich – wie das Beispiel Hofheim erkennen lässt – neben den Auxiliarabteilungen (Hilfstruppen) auch Legionsvexillationen, die sich aus Soldaten mehrerer Legionen unter einer eigenen Fahne *(vexillum)* als eine Art Sondereinsatzkommando zusammensetzten. Speerspitzen des militärtaktischen Vorgehens stellten Kavallerieeinheiten *(alae)*, die «Panzer- oder schnellen Eingreiftruppen» des römischen Heeres dar. Ihre Lager wurden an strategisch herausragenden Positionen in offenen Landschaften angelegt, von denen aus sie durch ihren großen Operationsradius die flächenmäßige Besetzung realisieren konnten, die für den späteren Landesausbau notwendig war. In der Anlage dieser Kastelle und dem Bau von Fernstraßen ist ein regelrechtes Infrastrukturprogramm zu sehen, das das Rückgrat nicht nur der militärstrategischen Raumerschließung, sondern auch der weiteren wirtschaftlichen Entwicklung der neu eroberten Gebiete abgab. Diese von den Legionslagern in Mainz und Straßburg ausgehenden und durch die Wetterau und das rechtsseitige Rheintal sowie über den Schwarzwald an den oberen Neckar führenden Vormarschstraßen mit ihren Militäranlagen schufen die Voraussetzung für die weitere Entwicklung.

Zuweilen entwickelten sich die Alenkastelle zu regionalen

Militärschwerpunkten und nach Abzug der Truppe zu regelrechten Verwaltungsmittelpunkten, wie die Beispiele der Alen-
lager und späteren Civitas-Hauptorte *Lopodunum*/Ladenburg
und *Nida*/Heddernheim zeigen. Mit Hilfe der in der Okkupa-
tionszeit in dem rund 5 ha großen Kastell von Heddernheim gelegenen *ala I Flavia Gemina* und auch der in dem weiter nord-
östlich gelegenen Militärplatz Okarben stationierten Reitertruppe, vielleicht die *ala II Flavia Gemina*, ließ sich das gesamte
Vortaunus- und Wetteraugebiet in schnellen Bewegungen kontrollieren und darüber hinaus eine Vorfeldaufklärung bis zur
Fulda und Werra erreichen. Vermutlich eine Vexillation der *ala
Picentiana* bildete die Besatzung des Lagers in Mainz-Kastel,
das die Bedeckung der um das Jahr 71 n. Chr. erbauten steiner-
nen Rheinbrücke übernahm. Die Größe dieses Kastells wie auch
weiterer entlang des Mains bis zum Frankfurter Domhügel von
0,7 ha lässt erkennen, dass Truppenabteilungen in Stärke der
später am Limes eingesetzten *numeri* – allgemeinen militärischen Einheiten, die bei Bedarf aufgestellt wurden – Verwendung fanden. Die Kohorten sicherten Plätze, die in der Regel
nicht die weiträumigen Bewegungen zuließen, welche für den
effizienten Einsatz der Reitertruppen Voraussetzung waren, so
etwa das 2,2 ha große Holz-Erde-Kastell der vespasianischen
Zeit auf dem Wiesbadener Heidenberg, wo man ebenfalls eine
Legionsvexillation annehmen könnte, weiterhin Hofheim am
Taunus und Friedberg in der Wetterau. Die Kastellanlagen von
Wiesbaden und Hofheim scheinen dabei mitten in das Gebiet
der Mattiaker gesetzt worden zu sein, letztlich wohl noch eine
Reaktion auf die Geschehnisse im Zuge des Bataveraufstandes.
  Eine zweite ebenfalls von Mainz ausgehende Kastelllinie führte entlang der unter Vespasian neu geschaffenen rechtsseitigen
Rheintalstraße nach Süden. Hier entstanden offenbar etwas
früher als in der Wetterau die Kastelle von Groß-Gerau, Gernsheim, Ladenburg, Heidelberg-Neuenheim, das kleine Wagbach-
kastell, die Lager von Baden-Baden, Zunsweier, Rammersweier
und Offenburg. Während die Kohorten von Groß-Gerau und
Gernsheim das südliche Rhein-Main-Gebiet kontrollierten
bzw. den Nachschubposten am Rheinhafen bildeten, von dem

bereits eine zum Odenwald hin gerichtete Stichstraße über den
Militärposten an der Sumpfbrücke von Bickenbach mit seinem
jüngst entdeckten Kleinkastell verlief, sicherten jene von Heidelberg-Neuenheim, Baden-Baden und die Lager im Umkreis
von Offenburg die Talausgänge von Neckar, Oos und Kinzig.
Dabei dürfte der erst vor kurzem endgültig nachgewiesene Militärposten auf dem Rettig von Baden-Baden vergleichbar der
Situation in Wiesbaden in erster Linie für den Badebetrieb am
Ort zuständig gewesen sein.

Einzige Reitertruppe im Rheintal stellte die *ala I Canninefa-
tium* in Ladenburg dar, deren Kastellort so platziert war, dass
von der darin stationierten Truppe der gesamte Abschnitt der
hessischen und badischen Bergstraße zwischen dem heutigen
Darmstadt und Karlsruhe zu bestreichen war. Hier befand sich
vor Anlage des 3,9 ha großen Alenkastells (Kastell I) in früh-
flavischer Zeit (um 73/74 n. Chr.) bereits ein Holz-Erde-Kastell, das möglicherweise eine Brückenkopffunktion zum seit
claudischer Zeit bestehenden linksrheinischen Kastell Rhein-
gönheim besaß. Die Kastelle von Groß-Gerau und Ladenburg
wurden innerhalb oberrheinswebischer Siedlungsgebiete angelegt, nachdem die ehemaligen germanischen Milizen rechts
des Ober- und Mittelrheins zuvor offenbar entwaffnet worden
waren. Während im Falle Ladenburgs der Name der später hier
eingerichteten Civitas erkennen lässt, dass im Neckarmündungsgebiet *Suebi Nicrenses (Neckarsweben)* siedelten, ist das Stam-
mesetnikon – also die Namensbezeichnung des dort siedelnden
Verbandes – der im Mainmündungsdreieck und gegenüber
Straßburg ansässigen germanischen Siedlergruppen nicht bekannt.

Vom Legionslager Straßburg aus, das in vespasianischer Zeit
angeblich nicht besetzt war, jedenfalls nicht von der *legio VIII
Augusta*, da diese damals noch in Mirebeau im östlichen Gal-
lien stand, wurde laut Text eines Meilensteins, der sich bei
Offenburg gefunden hat, in den Jahren 72 bis 74 n. Chr. ein
Vormarschweg vom Rhein durch das Kinzigtal gebaut, der von
Straßburg nach Raetien führte und an dessen jenseits des
Schwarzwaldes am oberen Neckar gelegenen Ende die Kastell-

plätze von Rottweil und die des Alblimes entstanden. Mittelpunkt bildete hier zunächst Kastell I auf dem Nikolausfeld von Rottweil, das wegen seiner Größe von 15,8 ha wohl eine Legionsvexillation beherbergt hat. Angenommen wird ein Verband aus Abteilungen der Legionen _I Adiutrix, VII Gemina und XI Claudia_, der bei dieser Okkupation des rechtsrheinischen Gebietes zwischen Taunus und Schwarzwald durch den kaiserlichen Legaten Cnaeus Pinarius Cornelius Clemens zum Einsatz kam und offenbar an vorderster Stelle stationiert wurde. Noch in vespasianischer Zeit entstanden am Ort in dichter Abfolge rechts des Neckars die Kastelle IV und V vor Kastell III, das durch einen Münzfund, der mit Sicherheit 72/73 n. Chr. in die Erde gekommen ist, datiert wird. Truppenbewegungen können auch von dem nordschweizerischen Legionslager Vindonissa aus zum oberen Neckar vorgenommen worden sein, wofür die Vexillation der _legio XI Claudia_, die von dort stammt, spricht. Hier bestanden alte Straßenverbindungen, die einen entsprechenden Vormarsch von Süden her möglich machten.

In Raetien kam es zur Weiter- oder Wiederbelebung der in claudischer Zeit besetzten Anlagen zwischen wohl Ennetach, sicher Emerkingen und Oberstimm sowie zu der Neuanlage kleinerer Fortifikationen wie z. B. Nersingen bzw. zur Fortsetzung der ostraetischen Kastelllinie an der Donau. Gegenüber von Oberstimm griff man – belegt durch ein dendrochronologisch für das Jahr 80 n. Chr. gewonnenes Datum und eine Bauinschrift – in domitianischer Zeit mit den später über eine Brücke bei Stepperg zugänglichen Anlagen von Kösching und möglicherweise auch Nassenfels auf das nördliche Donauufer über. Bezeichnenderweise lag in dem später 4,3 ha großen Kastell von _Germanicum_/Kösching mit der _ala I Augusta Thracum_, später der _ala I Flavia Gemelliana_, eine 500 Mann starke Reitereinheit, die in der Lage war, das Vorfeld nördlich des Flusses weiträumig zu überwachen. Weitere Kastelle entstanden etwa zur selben Zeit in Weißenburg, wo ebenfalls eine Reitertruppe, die _ala I Hispanorum Auriana_, stationiert wurde, in Munningen, Oberdorf am Ipf, Heidenheim und Urspring. Insgesamt sollten die Maßnahmen an der oberen Donau zur Konsolidierung des bereits seit claudischer Zeit erreichten Status dienen. Im Falle der nördlich des Stromes neu angelegten Kastelle wurden schon in dieser Zeit die ersten Schritte zu einer Einbeziehung größerer Gebiete jenseits der Donau, vor allem des Nördlinger Rieses, unternommen. Mit den eben skizzierten Kastelllinien rechts des Ober- und Mittelrheins und den Posten nördlich der Donau entstanden jeweils militärische Aktionszonen, die einer zivilen Aufsiedlung im nachmaligen Limeshinterland als Einfluss- und Strukturierungsgebiete, quasi als Ausstrahlungsbereiche, vorausgingen. Sie schufen gebietsmäßige Vorgaben, die offensichtlich beim Ausbau des Limes, vor allem aber bei der Einrichtung der zivilen Gebietskörperschaften wirkten.

Zunächst stellten sie aber noch für einige Jahre die Aufmarschbasen für weitere Kriegszüge dar, die unter Kaiser Domitian gegen die nach wie vor feindlich gesinnten und offenbar noch immer mächtigen Chatten in Nordhessen gerichtet waren. Dabei konnte der jüngere Sohn Vespasians zwar auf den räumlichen Erfolgen des Vaters aufbauen, doch war zunächst noch einmal der Machtanspruch Roms gegenüber den Chatten durchzusetzen. Domitian verband damit aber wohl auch die Absicht, mit einem erfolgreichen Kriegszug seine Herrscherqualitäten unter Beweis stellen zu können, was in propagandistischer Überhöhung in der anschließenden Annahme des Siegerbeinamens *Germanicus (Germanenbesieger)* gipfelte. Die militärische Reputation seiner Vorgänger Vespasian und Titus (80–81 n. Chr.) war damit übertroffen. Der Feldzug, zu dem wiederum eine größere Truppenmacht bestehend aus den Legionen *I Adiutrix, XIV Gemina, XXI Rapax, VIII Augusta, XI Claudia* sowie Vexillationen des britannischen Heeres zusammengezogen wurde, zielte auf die endgültige Inbesitznahme der Wetterau, dürfte aber weit darüber hinaus in das chattische Kerngebiet geführt haben.

Nach gängiger Meinung sollen auf die militärischen Operationen Domitians im Chattenkrieg 83–85 n. Chr. die ersten Anlagen am Obergermanischen Limes im Taunus zurückgehen. Ob es aber diese sind, die der zeitgenössische Schriftsteller Frontinus in seinen Kriegslisten *(strategemata)* nennt, wenn er

Schneisen *(limites)* beschreibt, die in die schwer zugänglichen
Wälder geschlagen wurden, ist eher unwahrscheinlich. Bei
den Kämpfen hatten die Germanen in einer Art Guerillataktik
die in Heeressäulen vormarschierenden römischen Truppen
von den Flanken her angegriffen und sich blitzschnell wieder
zurückgezogen. Um dies zu verhindern, legten die römischen
Soldaten Schneisen an, wodurch ein Agieren der Truppe in ge-
wohnter Weise möglich wurde und der Feind zurückgeworfen
werden konnte. Mit den ersten Einrichtungen am Limes, der
in seiner Frühzeit aus kaum mehr als einem von hölzernen
Wachttürmen gesicherten Patrouillenweg bestanden hat, verbindet man in der Regel die Einrichtung der Taunuslinie, insbesondere die der beiden Erdschanzen auf dem Saalburgsattel.
Während die dortige Schanze A – lediglich ein Zeltcamp – vielleicht noch etwas älter ist, könnte möglicherweise die Schanze B, die in einer U-förmigen Baracke hinter zwei Gräben, Palisade und dahinter angeschüttetem Erdwall wohl eine Mann-
schaft in Zenturienstärke (80 Mann) beherbergte, in die Zeit
der Limeserrichtung dann um 85 n. Chr. zu datieren sein. Auch
die beiden im Norden der Wetterau gelegenen Auxiliarkastelle
von Butzbach und Arnsburg versah man bisher mit einer so
frühen Datierung der ersten Limesausbauphase. Durch neuer-
liche Untersuchungen am Münzfundmaterial zu den Anfängen
der Kastelle am Limes ist dieser Zeitansatz aber in die Diskussion geraten. Demnach stellt sich der Chattenkrieg Domitians
eher als Abschluss des kurz nach 70 n. Chr. begonnenen Ge-
samtprozesses zur Besetzung des heute südwest- und süddeut-
schen Raumes dar, als dass er noch einmal grundsätzliche Ver-
änderungen in militärtopographischer Hinsicht geschaffen
hätte. Dennoch ist es nur schwer vorstellbar, dass an einzelnen
strategisch wichtigen Punkten, wie eben der Saalburg, nicht
doch schon Militärposten eingerichtet wurden, auch wenn sie
vielleicht nur vorübergehenden Charakter besaßen. Die Errichtung solcher Anlagen im Zusammenhang eines Passschutzes in
der Flanke der Kastelllinie im Gebiet des Vordertaunus und
der östlichen Wetterau in dieser Phase scheint logisch. Vielleicht bestanden auch andernorts, etwa am Zugmantel, einem

Kastellplatz im Taunus nördlich von Wiesbaden, bereits aus früherer Zeit existierende Sicherungsposten weiter.

Domitian war mit seinen Unternehmungen soweit sie das spätere Limesgebiet betrafen, über die räumlichen Vorgaben seines Vaters Vespasian, d. h. über das von diesem bereits besetzte Gebiet nicht hinausgekommen. Dies gilt selbst dann, wenn man analog der bisherigen Forschungsmeinung die Neu-einrichtung einiger Kastelle in der östlichen Wetterau wie etwa Heldenbergen, neuerdings Bruchköbel und das 14,8 ha große, von Anfang an in Stein errichtete, aber wohl nie besetzte Lager für eine Legionsvexillation von Hanau-Kesselstadt und sein Platznachfolger, das in der Nähe auf dem Salisberg errichtete Kohortenkastell in Rechnung stellt, oder im Norden der Wet-terau die Entstehung der Kastelle von Butzbach, Arnsburg und Echzell noch in den Jahren vor oder bis zu dem Aufstand des obergermanischen Statthalters Saturninus im Jahre 89 n. Chr. annimmt. Für die politisch-propagandistische Vermittlung ge-genüber dem Senat und Volk von Rom war der von Domitian erzielte Status ausreichend. Der Abschluss der Kampfhand-lungen wurde propagandistisch gefeiert und dadurch gekrönt, dass der Kaiser um das Jahr 85 n. Chr. offiziell die Provinzen Obergermanien *(Germania superior)* und Niedergermanien *(Germania inferior)* ausrufen ließ, womit – wie bereits erwähnt – das Germanenproblem als erledigt erklärt werden konnte.

Nur vier Jahre später geriet die neue Provinz Obergermanien in eine Krise. Der obergermanische Statthalter Caius Antonius Saturninus hatte sich – offenbar bewogen durch das ihm mit fünf Legionen und einer legionsstarken Vexillation unterstellte starke Truppenkontingent im Rhein-Main-Gebiet – gegen Do-mitian erhoben. Der Aufstand wurde aber durch das Eingrei-fen des kaisertreuen niedergermanischen Statthalters Aulus Bucius Lappius Maximus in einer Schlacht am Rhein niederge-schlagen. Wie das Geschehen zeigt, bedienten sich römische Militärs zur Durchsetzung ihrer Machtansprüche schon da-mals der Unterstützung aus dem germanischen Raum, denn auf der Seite des Saturninus standen die Chatten. Die rechts des Rheins zusammengezogenen chattischen Verbände konnten aber in das Kampfgeschehen nicht mehr eingreifen, denn durch Eistreiben auf dem Rhein infolge plötzlich einsetzenden Tauwetters waren sie daran gehindert den Fluss zu überqueren. Nach der Niederwerfung des Aufstandes erhielten die Einheiten des niedergermanischen Heeres wegen ihres loyalen Verhaltens gegenüber dem Kaiserhaus anschließend den Ehrentitel *pia fidelis Domitiana (die pflichtgemäß und treu handelnde Domitianische)*. Domitian führte im Anschluss an den Aufstand Vergeltungsmaßnahmen gegen die Chatten aus, in denen die Forschung zuweilen einen zweiten Chattenkrieg sah.

Die Erfahrungen des Saturninus-Aufstandes lehrten, dass eine übergroße Truppenkonzentration Aufstände gegen das Kaiserhaus provozieren konnte. Deshalb wurde das obergermanische Heer umorganisiert. Die Maßnahmen betrafen offenbar zunächst nur die Verringerung der hier ehedem stationierten Legionen. Aus Mainz wurde die *legio XXI Rapax* sofort an die Donau verlegt, sodass Obergermanien nur noch über drei Legionen verfügte, die *XIIII Gemina* in Mainz, die *VIII Augusta* jetzt in Straßburg und die *XI Claudia* in Windisch. Offenbar trat auch eine Veränderung bei den bis dahin noch sehr eng an ihre Legionen gebundenen Hilfstruppen ein.

Zeit der Adoptivkaiser (96–192 n. Chr.)

Diese Maßnahmen fanden – folgt man den Ergebnissen einer jüngst unternommenen statistischen Neubewertung des Fundmünzmaterials aus den einzelnen Kastellen und späteren Limesabschnitten – vor allem in traianischer Zeit statt. Die erneute Auswertung der Münzfunde aus den Limeskastellen mittels statistischer Methoden ergab nämlich, dass der systematische Ausbau des Limes in Obergermanien und Raetien offenbar unter Kaiser Marcus Ulpius Traianus erfolgt ist. Dafür sprechen auch weitere gewichtige Indizien. So wurden in traianischer Zeit – um 100 n. Chr. – die Kastelle an den alten vespasianischen und domitianischen Vormarschstraßen im Limeshinterland geräumt und die Truppen in die neu errichteten Garnisonen unmittelbar an die Limeslinie verlegt. Hier ergab sich damit jene lineare Aufreihung der Militärlager, die bis um die Mitte des 2. Jahrhunderts n. Chr. den Limeszug in Obergermanien und Raetien markierten. Damals verlief die Ostgrenze der Provinz Obergermanien noch den Main bis Wörth begleitend, um von dort aus durch den Odenwald und den Neckar entlang zur Schwäbischen Alb zu ziehen.

Diese neue Forschungsmeinung hat einschneidende Konsequenzen für die Limesgeschichte, denn offenbar war es vor allem Traian, der während seiner Statthalterschaft und seines noch einige Zeit andauernden Aufenthaltes am Rhein 98/99 n. Chr. die möglicherweise schon unter Domitian angestoßene Neuorganisation des obergermanischen Heereskörpers weiterführte und zu einem gewissen Abschluss brachte. Es mag sein, dass ihm die Maßnahmen Domitians nach dem Saturninusaufstand – Abzug von nur einer Legion, weiterhin Bündelung der Auxilien in der Nähe der verbliebenen Legionen – im Hinblick auf die Vermeidung zukünftiger Putschversuche als nicht ausreichend erschienen. Wichtiger war ihm aber offenbar die Realisierung eines eigenen, auch in den ökonomischen Bereich weisenden Konzeptes. Der von Domitian als reiner Hülle hinterlassenen Provinz Obergermanien sollte endlich Struktur gegeben werden. Traian konnte sich damit gegenüber seinem in Germanien operierenden Vorvorgänger, dessen Erinnerung trotz der kurzen Interimsregierung Kaiser Nervas (96–98 n. Chr.) noch immer lebendig war, entsprechend profilieren.

Zu den neuen organisatorischen Maßnahmen Traians am Rhein gehörte neben dem Abzug der 14. Legion an die mittlere Donau und der Stationierung der 22. Legion in Mainz, die spätestens ab 98 n. Chr. erfolgte, ein ausgedehntes Bauprogramm, das auch den weiteren Ausbau des Straßensystems umfasste. Dieses lässt sich an mehreren Meilenstein- und Bauinschriften der Jahre 97–100 n. Chr. erkennen: so etwa für den Fortbau der Donaustraße, die jene bei dem antiken Schriftsteller Aurelius Victor überlieferte Fernverbindung zwischen den Rhein- und Donauprovinzen herstellen sollte, oder für Bauten in Mainz, Baden-Baden und Rottweil. In *Aquae*/Baden-Baden z. B. wird ein Steinbau aus dem Jahr 84/85 n. Chr., der selbst über den Strukturen des Militärpostens auf dem Rettig errichtet worden war, im Jahre 99 n. Chr. umgewidmet. Vermutlich deutet dies an, dass die dort gegenüber den Thermalbadeanlagen etablierte, bisher vom Heer unterhaltene «Bäder- und Kurverwaltung» nun von der militärischen in die Hand der Zivilverwaltung überging. Dies lässt im Übrigen erkennen, dass auch hier die Einrichtung der zivilen Gebietskörperschaft, der *civitas Aquensis*, unter Traian erfolgt ist. Gleiches gilt für *Aquis Mattiacis*/Wiesbaden, und auch das *municipium Arae Flaviae*/Rottweil, die einzige rechtsrheinische Siedlung in Obergermanien mit erweitertem, unterhalb des Status einer römischen Kolonie rangierendem Stadtrecht *(municipium)*, wurde jetzt baulich großzügig gestaltet.

Der Ausbau des Limes scheint am östlichen Rand der Wetterau zunächst mit den Kastellen in Hanau-Salisberg und Heldenbergen erfolgt zu sein. Erst beinahe 10 Jahre später entstand im Nordwesten der Wetterau das Kastell Butzbach, möglicherweise als Reflex auf die im Vorfeld um Gießen an der Lahn siedelnde Germanengruppe, und um 110 n. Chr. scheinen die Befestigungen am Main angelegt worden zu sein. Um diese Zeit ist also das lineare Konzept des Obergermanischen Limes erstmals im Wetteraubogen, in der östlichen Wetterau und vor allem am Main zu erkennen. Im Falle der Mainkastelle verbanden sich topographische Lage und die Erfordernisse eines günstigen Nachschubs zwischen den einzelnen Militärposten auf dem Wasserweg in bester Weise. Erst danach wurde anscheinend die Gesamtmaßnahme durch die Errichtung der Kastelllinie am mittleren Neckar vervollständigt. Über den befestigten Abschnitt im Lautertal (Sybillenspur) erfolgte die Anbindung an die bereits seit den 90er Jahren des 1. Jahrhunderts n. Chr. errichteten Kastellplätze auf der Schwäbischen Alb. Die Anlagen im Taunus, darunter auch das erste, 0,7 ha große Kastell für einen *numerus* (eine zahlenmäßig zunächst nicht festgelegte, später standardisierte Truppe von 160 Mann) auf dem Saalburgsattel, entstanden um 115 n. Chr.

Ganz am Ende der Regierungszeit Traians ist dann der Odenwaldlimes errichtet worden, wodurch der gesamte Limes nun erst als geschlossene Grenzlinie in Erscheinung trat. Eine Besonderheit der traianischen Besetzung einzelner Kastellplätze im Taunus, am Main und im Odenwald scheint der Einsatz von Einheiten in Numerusgröße, und zwar vor allem der ehemals aus England stammenden *numeri Brittones* gewesen zu sein. Das Erdkastell der Saalburg beherbergte – dafür sprechen dort gefundene Gewandnadeln, so genannte Fibeln – offenbar eine solche Truppe, in den Numeruskastellen am Mainlimes, die den Kohortenlagern vorausgingen, wie z. B. in Seligenstadt, Stockstadt und Obernburg, könnten ebenfalls Brittonen-Numeri gestanden haben. Am Odenwaldlimes sind diese Einheiten durch mehrere inschriftliche Zeugnisse auch namentlich bekannt.

Mit dem Abzug des Militärs aus dem Limeshinterland Ende des 1./Anfang des 2. Jahrhunderts n. Chr. war endlich die Möglichkeit gegeben, die zivile Strukturierung der Provinz vorzunehmen. Dabei lässt es sich gegenwärtig nicht entscheiden, ob die Einrichtung der *civitates* eine bereits 98 n. Chr. beschlossene Sache gewesen ist und ihre Umsetzung noch einige Jahre gedauert hat, wie dies durch den archäologischen Befund an den genannten Civitas-Hauptorten nahe gelegt werden könnte. Offenbar gab es hier eine ausreichende Bevölkerung, die in der Lage war, das wirtschaftliche und gesellschaftliche Leben einer solchen Gebietskörperschaft zu tragen. Bei den Badeorten *Aquis Mattiacis*/Wiesbaden und *Aquae*/Baden-Baden mag dabei wohl vor allem das Interesse der Provinzverwaltung darin bestanden haben, die Kosten des Badebetriebes auf einen anderen Kostenträger abzuwälzen. Erst der allmähliche Zuzug von Neusiedlern, zumeist aus Gallien jenseits des Rheins, die systematische Ansiedlung von Veteranen aus den Limestruppen und der Ausbau der Siedlungsplätze der einst germanischen, jetzt vollkommen romanisierten oberrheinswebischen Bevölkerung, zu denen noch vereinzelte wesergermanisch geprägte Siedlungsstellen am südlichen Taunusrand, in Frankfurt/Main-Osthafen, in der Wetterau und im östlichen Mainbogen bei Offenbach-Rumpenheim kommen, führte zu der gewünschten Verdichtung der Siedlungen im Limeshinterland, vor allem in den fruchtbaren Gebieten der Wetterau, des Maindreiecks und Neckarmündungsraumes, im Hessischen Ried und Vorderen Odenwald, im Oberrheintalgraben, im mittleren Neckarland und in Raetien.

Die Einrichtung des «Kastellbogens» zwischen Ursprung und Pförring seit spätdomitianisch-frühtraianischer Zeit sollte die Siedlungskammer des Nördlinger Rieses der Provinz hinzufügen, wobei die Besetzung des fruchtbaren Kraterrundes mit dem zentral darin platzierten, aber alsbald wieder aufgegebenen Kastell Munningen erfolgte. Die in frühtraianischer Zeit errichteten Kastelle von Ruffenhofen, Unterschwaningen und Gnotzheim ersetzten die näher am nördlichen Donauufer gelegenen älteren Anlagen, wodurch nun – ähnlich wie in den rechtsrheinischen Gebieten zwischen Wetterau und Schwarzwald – die zivile Aufsiedlung des Rieses als Limeshinterland möglich wurde. Auch die weitere Sicherung dieses Grenzbogens durch die Anlage der Kastelle Theilenhofen und Ellingen unterstützte diese Entwicklung.

Nach wie vor dürfte es ein Anliegen des römischen Militärs gewesen sein, die Verbindungslinie zwischen Obergermanien und Raetien möglichst kurz zu halten. Dem diente ja wohl auch um die Mitte des 2. Jahrhunderts n. Chr. die Vorverlegung des Limes in Obergermanien auf die Linie Miltenberg-Lorch und in Raetien der weitere Einbezug des nördlichen Donauvorlandes durch die Errichtung der endgültigen Limeslinie mit der Neuanlage bzw. der weiteren Besetzung der Kastelle Schirenhof, Böbingen, Rainau-Buch, Halheim, Dambach, Gunzenhausen, Ellingen, Oberhochstatt, Burgsalach, Böhming und Eining sowie das leicht zurückversetzte 6,07 ha große Kastell der *ala II Flavia milliaria* in Aalen. Letztere, eine 1000 Mann starke Reitertruppe, dürfte einen idealen Einsatzraum in der Hochebene zwischen Kocher und Jagst gefunden haben.

Die deutliche Markierung des Limes als Grenzverlauf erfolgte unter Kaiser Publius Aelius Hadrianus (117–138 n. Chr.). Dieser hatte längere Zeit als Militärtribun der *legio XXII primigenie pia fidelis* und Legionskommandeur der *legio I Minervia* am Rhein gedient. Als der Nachfolger Traians, in den 20er Jahren des 2. Jahrhunderts n. Chr. die Provinzen seines Reiches bereiste, hatte dies auch auf das Aussehen der römischen Grenze in Germanien Auswirkungen. Hadrian ließ nämlich überall dort, wo die Reichsgrenze nicht durch natürliche Flussläufe gebildet wurde, die Grenzlinie durch eine Palisade, gleichsam eine hölzerne Mauer, schließen. Sinn dieses Hindernisses war es einmal, die Grenze in einem völkerrechtlichen Sinne zu markieren, zum anderen den grenzüberschreitenden Personen- und Warenverkehr auf ganz bestimmte Durchgänge zu lenken. Dadurch war es nun möglich, die Vorgänge an der Passierstelle des Limes zu kontrollieren, die ein- und ausgeführten Waren zu verzollen, aber auch die Zuwanderung von germanischen Siedlergruppen zu regulieren. Mit der Errichtung der Limespalisade schloss er das schon seit Domitian verfolgte Provinzprojekt am Rhein nun mit dieser deutlich sichtbaren Demarkationslinie ab. Bei seinem Besuch in Obergermanien 121/122 n. Chr. konnte sich der Kaiser von der erfolgten Durchführung seines Befehls vor Ort selbst überzeugen.

Mit der Vorverlegung des Limes unter Kaiser Antoninus Pius (138–161 n. Chr.) um die Mitte des 2. Jahrhunderts n. Chr. war der endgültige Streckenverlauf des Obergermanisch-Raetischen Limes gefunden. An der neuen Linie scheint das Konzept der Doppelstationierung von Truppen an einem Kastellort verfolgt worden zu sein, denn in Miltenberg, Osterburken, evtl. Jagsthausen, Öhringen, Murrhardt und Welzheim stand neben der Kohorte noch jeweils ein Numerus in einer eigenen Kastellanlage.

Zusätzliche Kastellbauten an den Streckenabschnitten im Nordwesten wie etwa in Niederbieber und Holzhausen, Ergänzungen wie das Annexkastell in Osterburken, weitere Ausbaumaßnahmen in Stein wie in Ellingen und der Bau der raetischen Mauer unter Kaiser Commodus (180–192 n. Chr.) um das Jahr 180 n. Chr. verweisen auf eine Konsolidierungsphase nach Germanenbedrohungen in den 60er Jahren am Obergermanischen und nach den Markomannenkriegen unter Kaiser Mark Aurel in diesen und den 70er Jahren des 2. Jahrhunderts n. Chr. am Raetischen Limes. In diesem Zusammenhang bezog 179 n. Chr.

die neu ausgehobene *legio III Italica* ihr Lager in Regensburg
und bildete fortan das Rückgrat des raetischen Heereskörpers.
Im Limeshinterland erfolgte die Einrichtung weiterer ziviler
Gebietskörperschaften, mit deren Hilfe die durch die Limesvor-
verlegung erreichten Gebietserweiterungen verwaltet werden
konnten.

Zeit der Severer (193–235 n. Chr.)

Nach dem gewaltsamen Tod des Commodus (192 n. Chr.) und
den Wirren des zweiten Vierkaiserjahres kam mit Septimius
Severus (193–211 n. Chr.) die Dynastie der Severer an die Macht.
Dies bescherte dem Obergermanisch-Raetischen Limesgebiet
noch einmal eine Blütezeit, die sich in Infrastrukturmaßnahmen
wie Straßenbauten, aber auch in der baulichen Erweiterung
zahlreicher Landgüter (*villae rusticae*) oder der Errichtung von
Götterdenkmälern mit Inschriften und anderen archäologischen
Zeugnissen zu erkennen gibt. Obwohl sich die wirtschaftlichen
Bedingungen vor allem durch inflationsähnliche Phänomene in
der Geldwirtschaft insgesamt verschlechterten – der Edelme-
tallanteil in den Gold- und Silbermünzen wurde ständig ver-
knappt –, konnte selbst unter dem Sohn des Septimius Severus,
Kaiser Caracalla (211–217 n. Chr.), die Lage an den Grenzen
zur *Germania magna* noch stabil gehalten werden. Allerdings
zeichnete sich jetzt die Bedrohung durch einen neuen Feind ab:
die Alamannen. Caracalla war gezwungen, erstmals gegen diese
Germanen vorzugehen, die sich in dieser Zeit noch aus den Jungmannschaften vor allem elbgermanischer Stämme zusammensetzten und nun begannen, mit Beutezügen die Provinzen an
Rhein und Donau in Mitleidenschaft zu ziehen. Wie es scheint,
spielte bei dem Alamannenzug des Kaisers das Limestor von
Dalkingen, ein über älterem Wachtturm und Kleinkastell errich-
tetes Prunktor in der Raetischen Mauer, eine besondere Rolle.
Offenbar markiert es den Punkt, an dem Caracalla von Raetien
aus gegen die im Vorfeld des Obergermanischen Limes auftre-
tenden Germanen aufbrach und das Provinzgebiet verließ.
   Bereits mit den Markomannenkriegen hatten sich die veränderten Machtstrukturen im Vorfeld des Limes abgezeichnet.

Vermutlich standen die Vorgänge im Zusammenhang mit einem akuten ökologischen Problem, das die Römer gegen Ende des 2. Jahrhunderts n. Chr. hatten. Wie neueste Forschungen anzudeuten scheinen, dürften diese mit einer seit dem Ende des 2. Jahrhunderts n. Chr. einsetzenden Trockenperiode zusammenhängen, die sich offenbar sowohl im Provinzgebiet als auch im germanischen Siedlungsraum zunehmend bemerkbar machte. Auswirkungen waren zurückgehende Ernteerträge an Nahrungsmitteln und vermindertes Holzwachstum. Während es den Römern aber gelang, vor dem Hintergrund der in ihrem riesigen Wirtschaftsraum gegebenen logistischen Möglichkeiten den ernteausfallbedingten Mangel an Nahrungsmitteln in den einzelnen Provinzen auszugleichen, waren die Germanen, die nicht über ähnliche Markt- und Versorgungsmechanismen verfügten, geradezu gezwungen, in die römischen Provinzen einzufallen, um die zum Überleben notwendigen Ressourcen zu gewinnen. Letztlich mögen vor allem diese ökologischen Hintergründe zu dem zunehmenden Druck germanischer Stämme auf das Limesgebiet geführt haben, die in zahlreichen größeren und kleineren Einfällen überliefert sind. Sie führten schließlich dazu, dass auch die wirtschaftliche und militärische Kraft Roms an Rhein und Donau in der ersten Hälfte des 3. Jahrhunderts n. Chr. zurückging.

Auf die aus diesen Vorgängen resultierenden militärischen Bedrohungen an der obergermanischen und raetischen Provinzgrenze reagierte Rom nach dem Sieg Caracallas, der bereits vor dem Ende des Jahres 213 n. Chr. feststand, mit der Fortführung weiterer Befestigungsmaßnahmen, die zweifellos schon unter Kaiser Commodus begonnen worden waren. Zu Beginn des 3. Jahrhunderts n. Chr. entstanden die kleinen quadratischen Befestigungen am rätischen Limes, die in der Wissenschaft oft als *burgi* oder Feldwachen *(centenarii)* gedeutet werden. Das gut erhaltene Beispiel in der Harlach bei Weißenburg in Bayern steht als Beispiel für eine von vielen dieser kleinen Wehranlagen, die nur über ein Tor zu betreten waren, welches zusätzlich durch einen Turm gesichert wurde.

In der Regierungszeit des Kaisers Severus Alexander (222–

235 n. Chr.) wurde die Reichspolitik erneut stark geprägt von
den Auseinandersetzungen mit den Persern im Osten, die unter
ihrem König, dem Sassaniden Ardeschir, auf römisches Reichsgebiet übergriffen. Mit einem zentralistisch geführten Staat,
einer einheitlichen Religion und einer ideologischen Rückbe-
sinnung auf das Großpersische Reich Kyros' des Großen wurden die Perser nun zu der größten Bedrohung des Römischen
Reiches im Osten. Gegen sie stellte Severus Alexander ein Heer
zusammen, das zu großen Teilen aus Truppen der Rhein- und
Donauprovinzen bestand, was eine nachhaltige Schwächung
der dortigen Grenzabschnitte nach sich zog. Der Feldzug endete mit einem römischen Sieg, jedoch erreichten Heer und Kaiser
noch im Feldlager von Antiochia Nachrichten von einem Einfall der Alamannen, der mit einer ungeahnten Vehemenz die
Nordprovinzen erfasst hatte. Der Bericht des Geschichtsschrei-
bers Herodian hebt eindrucksvoll die Germanengefahr hervor,
die einen raschen Aufbruch in Richtung Norden erzwang. Archäologisch sind die beschriebenen Vorgänge gut nachweisbar,
denn der katastrophale Alamanneneinfall von 233 n. Chr. hin-
terließ am Obergermanisch-Raetischen Limes und in seinem
Hinterland ausgedehnte Spuren. So sind Zerstörungs- und
Brandschichten, Spuren von Kampfhandlungen und versteckte
Metall- und Münzhorte unter anderem aus Pfünz, Straubing,
Künzing, Welzheim, Osterburken, Walldürn, Altenstadt, Ober-
florstadt, Echzell und Butzbach bekannt, wobei allerdings nicht
immer exakt zu klären ist, ob bei den angesprochenen Befun-
den zwingend der Einfall von 233 n. Chr. verantwortlich war
oder ein späteres Ereignis zugrunde liegt.

Zeit der Soldatenkaiser (235–285 n. Chr.)

Aber nicht nur militärische Plätze und ihr unmittelbares Umfeld waren von den Einfällen der Germanen betroffen, auch
das Hinterland mit seinen Landgütern wurde in Mitleidenschaft gezogen. Als Anfang März 235 n. Chr. Severus Alexander mit einem bereitstehenden Heer bei Mainz stand, zögerte
der junge Kaiser die Eröffnung eines Feldzuges gegen die Ala-

mannen hinaus und ließ sich auf Verhandlungen mit den zuvor in die Provinz eingefallenen Barbaren ein. Die hierüber erbosten Truppen ermordeten ihn daraufhin und riefen Maximinus Thrax (235–238 n. Chr.) zum neuen Kaiser aus. Dieser errang einen Sieg über die Alamannen, worauf Wiederaufbau- und Reparaturarbeiten überall am Obergermanisch-Raetischen Limes einsetzten. So wurde offenbar das Straßensystem wieder in Ordnung gebracht. Dies scheinen Meilensteine mit Angabe der Titulatur dieses Kaisers, wie z. B. der bei Kleestadt im nördlichen Odenwaldvorland gefundene, zu verraten. Neubauten dokumentieren die relative Sicherheit, die der Feldzug des Maximinus wenigstens für einige Jahre bewirkte. Trotzdem kamen alsbald wieder unruhige Zeiten. Vor allem die Tatsache, dass kaum einer der nachfolgenden Kaiser länger als vier Jahre regieren konnte, dokumentiert die Notlage des Reiches in der Mitte des 3. Jahrhunderts n. Chr.

Münzschätze aus den 40er Jahren des 3. Jahrhunderts n. Chr., die aus Angst vor einem Überfall einst vergraben worden waren und von ihren verunglückten Eigentümern nicht mehr gehoben werden konnten, belegen einen neuerlichen Alamanneneinfall im Bereich des Raetischen Limes. So dürfte unter Kaiser Gordian III. um 242/243 n. Chr. das Kastell Großprüfening mit seinem Lagerdorf bei einem Brand zerstört worden sein. In das gleiche zeitliche Umfeld lassen sich wohl auch die Spuren eines germanischen Überfalls auf ein Landgut bei Regensburg datieren, wo man die Bewohner des Gutshofes massakrierte und ihre Leichen in einen Brunnen warf. Ähnliches dürfte sich auch in Nidderau-Heldenbergen ereignet haben, wo sich Anhaltspunkte für Kampfhandlungen und nur notdürftig verscharrte Leichen getöteter Bewohner in der aus einem Kastelldorf hervorgegangenen Siedlung gefunden haben. In diese Zeit gehört auch ein Metallhort aus dem Kastell Künzing, der im Bereich der Waffenkammern *(armamentaria)* gefunden wurde und Waffen sowie andere Ausrüstungsteile des römischen Militärs enthielt. Auch die vielen anderen Münz- und Metallhortfunde aus dem gesamten obergermanischen und raetischen Limesgebiet legen es nahe, dass mit mehreren größeren

Alamanneneinfällen zwischen 233 n. Chr. und dem Zeitpunkt des endgültigen Limesfalls (260/275 n. Chr.) zu rechnen ist.

Im Jahr 253 kämpften erneut mehrere Kaiser um die Herrschaft im Römischen Reich. In der Auseinandersetzung zwischen Trebonianus Gallus und seinem Widersacher Aemilius Aemilianus wurde der Feldherr Publius Licinius Valerianus mit der Zusammenstellung eines Heeres in den Nordprovinzen betraut. Da zwischenzeitlich beide Kontrahenten besiegt bzw. ermordet worden waren, riefen die Soldaten des im Kern aus Truppen der beiden germanischen Provinzen sowie Raetiens und Noricums bestehenden Heeres Valerian (253–260 n. Chr.) zum Kaiser aus. Die politischen Verhältnisse an der Nordgrenze sowie im Osten des Reiches veranlassten diesen, seinen Sohn und Mitregenten Gallienus mit der Verwaltung des Nordens zu betrauen, während er noch im Frühjahr 254 n. Chr. zum Feldzug in den Osten aufbrach. Dort war es durch Machterweiterung des Perserkönigs Shapur zu Einfällen in römisches Reichsgebiet gekommen. Das römische Heer, das man den Persern entgegenstellte, bestand wiederum aus starken Verbänden der Rhein- und Donauprovinzen. Durch den Truppenabzug von hier wurde die militärische Verteidigungkraft am Obergermanisch-Raetischen Limes empfindlich geschwächt. Wahrscheinlich kam es daher bereits im Frühjahr 254 n. Chr. zu Einfällen germanischer Stämme nach Germanien und Gallien. Archäologisch weist sich diese Katastrophe unter anderem dadurch aus, dass sich kaum noch Inschriften und Denkmäler im Limesgebiet finden lassen, die nach diesem Datum entstanden sind. Die letzten Inschriften, die in den Kastellen Jagsthausen, Kapersburg und Stockstadt gefunden wurden, datieren zwischen 247 und 251, und auch die jüngsten Meilensteine von Ladenburg und Heidelberg reichen zeitlich nicht weiter als bis 253 n. Chr.

Wenn es auch Gallienus gelang, die Germanen aus dem Gebiet des Obergermanisch-Raetischen Limes zurückzudrängen, so blieben andere Grenzabschnitte des Römerreichs akut gefährdet. Zudem stand der Feldzug des Valerian im Osten von Beginn an unter sehr ungünstigen Vorzeichen und zog sich in die Länge. Bereits im Jahr 255 n. Chr. musste Gallienus an der

mittleren Donau von Viminacium aus gegen die Markomannen und Goten vorgehen und noch Anfang 257 n. Chr. stand er
in den Provinzen Moesien, Dakien und Pannonien im Feld.
Hier erreichten ihn Nachrichten vom Rhein, dass die Franken,
ein weiterer östlich des Niederrheins siedelnder großer germanischer Stamm, über die Rheingrenze hinweg nach Gallien ein-
gefallen waren. In Eilmärschen bewegten sich Kaiser und Heer
an den Rhein. Die Ruhe konnte wieder hergestellt werden, wie
sich offenbar auch daran zeigt, dass die Reichsmünzstätte von
Viminacium nach Köln verlegt wurde. Die Verlegung erfolgte
wohl deshalb, weil infolge der Truppenmassierung an der
Rheingrenze auch ein größerer Bedarf an Münzgeld für die
Soldzahlungen gegeben war. Gallienus setzte schließlich seinen
Sohn Saloninus in Köln als Cäsar ein, um selbst in die anstehenden Kämpfe an der Donau eingreifen zu können.

Im Osten unterlag die römische Armee allerdings dem Sassa-
nidenkönig Shapur. Die Katastrophe wurde perfekt, als durch
eine persische List Valerian in Gefangenschaft geriet, in der er
alsbald getötet wurde. Zum ersten Mal musste sich ein römischer Kaiser einem Barbaren unterwerfen. Das ungeheuer-
liche Ereignis ist auf einem Felsrelief in Naqsh-e Rostam in der
persischen Wüste festgehalten: Der Herrscher des Imperium
Romanum ergibt sich einem Barbaren!

Nicht nur hierüber wurde Gallienus am Rhein informiert,
auch die Erhebung des Ingenuus, der auf die Kunde von der Ge-
fangennahme Valerians hin rebellierte, verlangte nach einem
raschen Eingreifen des Kaisers. Mit den Truppen der Rheinarmee, Obergermaniens und Raetiens überwand er zwar rasch
den Widersacher und kurz darauf auch den nächsten Usurpator
Regalianus, aber die massiven Einfälle der Franken in Gallien
und der Alamannen über Obergermanien und Raetien nach
Italien waren nicht mehr zu verhindern. Gallienus konnte zunächst die Verhältnisse mit seinem Sieg bei Mailand *(Mediola-
num)* beruhigen. Die von dort zurückmarschierenden, mit Beu-
te beladenen Barbarenhaufen, wurden am 24./25. April des
Jahres 260 n. Chr. vor den Toren Augsburgs von einem eiligst
zusammengezogenen, volkssturmähnlichen römischen Militär-

aufgebot abgefangen und besiegt. Von den Vorgängen zeugt ein 1992 in Augsburg entdecktes inschriftliches Zeugnis. Im Text des so genannten Augsburger Siegesaltars wird der Name des Kaisers Postumus (259–268 n. Chr.) genannt. Dabei handelt es sich um Marcus Cassianus Latinius Postumus, zuvor vermutlich Statthalter in Niedergermanien oder Legionskommandeur am Rhein. Er war der Repräsentant des von der Zentralgewalt in Rom abgefallenen «Gallischen Sonderreiches», hinter dem vor allem die gallischen Großgrundbesitzer standen, die sich nach dem Verlust der rechtsrheinischen Gebiete und des Limes nicht mehr genügend geschützt fühlten. Sie sahen sich in einem Reichsteil, dem *Imperium Galliarum*, mit eigener, an dem stadtrömischen Vorbild orientierter Herrschaftsstruktur, besser aufgehoben. Gallienus ließ den Gegenkaiser gewähren, offenbar in der Einsicht, dass Postumus eher in der Lage war, an der germanisch-raetischen Front die Grenzen des Reiches wenigstens bis zur Rhein- und Donaulinie zu schützen. Wenn auch zu bezweifeln ist, dass Postumus in Raetien und Obergermanien persönlich intervenierte, so schlossen sich ihm zahlreiche Militärs in den bedrohten Nordprovinzen an. Man versprach sich von dem in Köln residierenden Kaiser des gallischen Teilreiches eher Unterstützung und Schutz vor den Germanen als von dem aus Rom in den Osten aufbrechenden Gallienus.

Der Tod des Valerian und die Abwehrkämpfe im Osten, das Auftauchen weiterer Usurpatoren und daraus resultierende innere Kämpfe entblößten die bedrohten Grenzen wieder und wieder. Zerstörungshorizonte zeigen das Ende des Obergermanisch-Raetischen Limes um das Jahr 260 n. Chr. an. Die Münzfunde in den aufgelassenen oder zerstörten Kastellplätzen Aalen, Schirenhof, Ruffenhofen, drei Schatzfunde allein aus dem Kastell von Niederbieber wie auch der frühestens 259 geprägte Antoninian des Gallienus aus dem Kleinkastell Haselburg dokumentieren den Zeitraum, in welchem sich die Auflösung des Grenzsystems in Obergermanien und Raetien abgespielt haben dürfte. Die Einfälle der Barbaren zielten dabei schwerpunktmäßig auf den Süden. Die gut ausgebauten römischen Straßen erlaubten es ihnen, auf Pferden tief in das Römische Reich einzudringen. Ihr Weg war gekennzeichnet von Zerstörungen ganzer Siedlungen. So wurde die römische Niederlassung auf dem Lindenberg bei Kempten Opfer von Plünderungen dieser Zeit ebenso wie *Aventicum*/Avenches in der Schweiz.

Nachdem es Gallienus gelungen war, das italische Mutterland wieder zu sichern und auch im Osten des Reiches die Ruhe wiederherzustellen, ging er gegen das «Gallische Sonderreich» vor. Nach Anfangserfolgen – so kehrte die abgefallene Provinz Raetien wieder in den Reichsverband zurück – brach man allerdings die Feldzüge gegen Postumus, wohl auch infolge einer Verwundung des Gallienus, ab. Das «Gallische Sonderreich» blieb bestehen, ja es sicherte so unter Postumus und später unter seinem Nachfolger Victorinus zum Vorteil Roms die Rheingrenze noch bis zum Jahr 275/276 n. Chr. Damals kam es zu dem bis dahin verheerendsten Einfall der Franken am Niederrhein. Allerspätestens jetzt gaben die römischen Truppen ihre Kastelle am Obergermanischen Limes auf. Die verbliebenen Verbände wurden auf die linke Rheinseite zurückgezogen.

Unter Kaiser Probus (276–282 n. Chr.) erfolgte der Bau des Donau-Iller-Rhein-Limes, einer neuen, auf die veränderten militärstrategischen Verhältnisse besser angepassten Grenzlinie. Die Meinungen, inwieweit die Römer noch einen Anspruch auf die alten rechtsrheinischen Gebiete im Bereich des Obergermanisch-Raetischen Limes erhoben oder noch Einfluss auf das politische und wirtschaftliche Leben dort genommen haben, gehen auseinander. Neuere Forschungen machen es allerdings wahrscheinlich, dass sie das einstige Limeshinterland de jure weiterhin als Teil des Reiches ansahen. Eine Ansiedlung germanischer Bevölkerung vor der Rheinlinie dürfte daher nur unter römischer Zustimmung und vertraglicher Regelung möglich gewesen sein. Faktisch aber war die Durchsetzung des eigenen Machtanspruches allerdings zeitweise schwierig.

Nach dem Untergang des Obergermanisch-Raetischen Limes wurde zum Schutz der linksrheinischen Provinzgebiete und des Alpenvorlandes eine neue und effektive Grenze benötigt. Nach dem Rückzug der Römer auf die Rhein- und Donaulinie und der damit verbundenen Aufgabe der westlich vom Kastell

Eining am Raetischen Limes gelegenen Kastelle kam es wahrscheinlich schon unter Kaiser Probus (276–282 n. Chr.) zu ersten Kastellbauten in *Vemania*/Isny und am Goldberg bei Türkheim in Bayern des jetzt entstehenden Donau-Iller-Rhein-Limes. Das Kastell in *Vemania* hatte eine Fläche von nur 0,27 ha und war mit quadratischen Türmen und halbrunden Tortürmen gesichert. Die dort stationierte Truppe, die *ala II Valeria Sequanorum,* besaß nur noch eine Stärke von etwa 150 Mann. Mithilfe solcher kleinen flexibleren Einheiten hoffte Rom nunmehr die Nordgrenzen des Reiches stabilisieren zu können.

Zeit der Tetrarchie und das 4. Jahrhundert n. Chr.

Unter Kaiser Diokletian (284–305 n. Chr.) entstanden weitere Kastelle mit neu ausgehobenen Truppen. Das Kastell *Vitudurum*/Oberwintherthur ist nach Aussage einer Bauinschrift im Jahr 294 n. Chr. entstanden. Die Inschrift überliefert zudem den Namen des Statthalters *(praeses)* der neu geschaffenen Provinz *Maxima Sequanorum.*

Diokletian führte umfassende Reformen durch. Er teilte das Reich in zwei Herrschaftsgebiete im Osten und Westen, die von zwei Hauptkaisern *(augusti),* Diokletian und Maximianus, und zwei Unterkaisern *(caesares),* Galerius und Constantius, regiert wurden. Diese vierköpfige Macht (Tetrarchie) sorgte zunächst für eine Stabilisierung des Reiches. An der germanischen Front entstanden in dieser Zeit weitere starke Befestigungen in *Caelius Mons*/Kellmünz und *Parrodunum*/Burgheim. Auch die aus der Limeszeit bekannten Truppenstandorte *Abusina*/Eining und *Castra Regina*/Regensburg wurden jetzt in den neuen Grenzverlauf integriert. Der massive Ausbau der Donau-Iller-Rhein-Grenze erfolgte schließlich unter Kaiser Valentinian I. (364–375 n. Chr.). Am Beispiel des Kastells Eining ist nachzuvollziehen, wie sich die Verhältnisse am Donaulimes in der Spätantike zu wandeln begannen. In der SW-Ecke des ehemaligen Kastells wurde nun eine kleinere, stark befestigte Anlage eingebaut. In den restlichen Innenbereich des noch mit seinen Umfassungsmauern bestehenden älteren Kastells siedelten die

Bewohner des ehemaligen Kastellvicus über. Am Rhein und an den in den Rhein aus dem ehemaligen Limesgebiet mündenden Flussläufen entstanden Befestigungen *(burgi)*, die als Schiffsländen unmittelbar am Flussufer platziert waren. Sie besaßen einen mehrere Stockwerke hohen Turm, an den Zangenmauern ansetzten, die den Turm samt Innenhof gegen die Landseite schützten. Trotz der verheerenden Einbrüche germanischer Stämme im Verlauf des 4. Jahrhunderts n. Chr. konnte das Grenzsystem bis in die Mitte des 5. Jahrhunderts n. Chr. aufrechterhalten werden. Eine romanische Restbevölkerung hielt sich – wenn auch unter erschwerten Lebensbedingungen – bis in diese Zeit hinein. In der Lebensgeschichte des heiligen Severin *(vita Severini)* erfahren wir durch Eugippius, dass es erst dann unter dem Druck alamannischer und thüringischer Plünderungszüge zu einer Evakuierung der Romanen in die hinter Mauern geschützten norischen Städte *Lauriacum*/Enns-Lorch und *Favianis*/Mautern kam. Rührend mutet dabei der Bericht an, dass der Heilige bei seiner Missionsreise an der Donau noch auf Truppen traf, die hier in Erwartung baldiger Soldzahlungen durch die römische Zentralmacht ausharrten, obwohl das Weströmische Reich bereits untergegangen war.

Im rechtsrheinischen Gebiet zwischen Taunus und dem Hochrhein kam es nach der Aufgabe des Obergermanischen Limes zur Aufsiedlung des Landes durch germanische Stammesteile, die im Allgemeinen als Alamannen bezeichnet werden. An vielen römischen Siedlungsstellen lassen sich jetzt germanische Siedlungsspuren nachweisen, die verdeutlichen, dass zumindest in der ersten Phase der germanischen Landnahme römische Bauten und Siedlungen regelrecht aufgesucht worden sind. Grabungen an vielen Orten des ehemaligen Limes und seines Hinterlandes zeigen, wie die nachrömische, germanische Besiedlung an die alten römischen Siedlungsplätze anschließt. Offenbar fand teilweise eine gezielte Übernahme römischer Siedlungsstellen durch die germanische Neubevölkerung statt. Darüber hinaus war diese an den dort noch vorhandenen Materialien interessiert, denn offenbar fand – wie das Beispiel Groß-Gerau zeigt – eine systematische Absammlung z. B. von Altme-

tallen in den alten römischen Siedlungsplätzen statt. Die Ansiedlung der Germanen im unmittelbaren Vorfeld der Rheinlinie, die nach dem Limesfall als neue provisorische Grenzlinie
diente, lässt sich nur unter ausdrücklicher Duldung Roms annehmen. Offenbar fassen wir in den Neusiedlern an den römischen Siedlungsplätzen des ehemaligen Limeshinterlandes
jene Alamannen, die seit konstantinischer Zeit systematisch
im Vorfeld der Rheingrenze angesiedelt wurden. Sie dürften bereits zu jenen verbündeten Völkerschaften (*gentes foederatae*)
gehört haben, die sich aus den Schilderungen der spätantiken
Quellen rekonstruieren lassen.

Germanische – sprich alamannische – Siedler erfüllten fortan in den alten römischen Siedlungsplätzen als föderierte Verbände die Funktion eines Sicherungsdienstes im Vorfeld der
neuen Provinzgrenze am Rhein. Sie erhielten dafür Soldzahlungen aus der Heereskasse. Es verwundert deshalb nicht,
wenn die Analyse der spätrömischen Fundmünzen des rechtsrheinischen Raumes nachweist, dass das ehemalige Limesgebiet – zumindest bis zur Mitte des 4. Jahrhunderts n. Chr. –
noch ganz an den regulären Geldumlauf der westlichen Reichs-
hälfte angeschlossen war. Dass neben den Münzen auch anderes Importgut in das ehemalige rechtsrheinische Limeshinterland gelangte und es zum Austausch von Handelsgütern auch
sonstiger Art gekommen ist, liegt auf der Hand.

Handelt es sich bei diesen Siedlern im ehemaligen Limesgebiet aber um durch Verträge gebundene germanische Stammesteile, so ist davon auszugehen, dass auch sie bei den kriegerischen Auseinandersetzungen, die mit der Usurpation des
Magnentius (350–353/354 n. Chr.) gegen den weströmischen
Kaiser Constantius II. in Mitleidenschaft gezogen wurden.
Entweder handelte es sich bei den Siedlergruppen bis zur Mitte
des 4. Jahrhunderts n. Chr. im ehemaligen Limesgebiet zumindest teilweise um Verbündete Constantius II., der diese zum
Einfall nach Gallien ermuntert hatte, um eine zweite Front im
Rücken des Usurpators Magnentius zu bilden. Oder aber es
waren mit Magnentius verbündete Milizen, die von diesem ab-
gezogen worden waren, um dessen Armee in den Kämpfen ge-

gen den legitimen Kaiser zu verstärken. Ließen sich im ersten Falle dann auch die alamannischen Siedler im rechtsrheinischen Ried als nach Gallien einfallende Horden ansehen, so bedeutete die zweite Möglichkeit, dass die Einfälle in das linksrheinische Provinzgebiet Germaniens und Galliens nicht von jenen Germanen vorgenommen wurden, die zuvor unmittelbar vor der Rheingrenze als Söldner Roms saßen. Es müssten Stammesteile gewesen sein, die weiter aus dem Osten anrückten. Aus den Quellen lässt sich erkennen, dass die nach Gallien einfallenden Germanen eine Zeit lang plündernd umherzogen, bevor sie von dem späteren Kaiser Julian (361–363 n. Chr.) in der Schlacht bei Straßburg im Spätsommer 357 besiegt wurden.

Julian lässt es nicht bei dieser Schlacht, sondern greift die Germanen im rechtsrheinischen Gebiet an. Da es zumindest teilweise gelingt, die hin und wieder bei dem römischen Schriftsteller Ammianus Marcellinus (ca. 330–395 n. Chr.) auftauchenden topographischen Einzelheiten abzuschätzen, lässt sich das Kampfgebiet vermutlich im Rhein-Main-Raum festlegen. Die Römer, so berichtet Ammian, benutzten *«mittelgroße schnellfahrende Boote»* und stießen über den Main nach Osten vor, um die germanischen Siedlungsplätze in unmittelbarer Flussnähe, vielleicht auch darüber hinaus, heimzusuchen. Im Zusammenhang dieses Feldzuges erreichten die römischen Truppen – ohne auf Widerstand zu stoßen – ein Festungswerk, das nach den Worten Ammians einst Kaiser Traian auf alamannischem Boden errichtet und nach sich selbst benannt hatte.

Was verbirgt sich hinter diesem *munimentum Traiani*, das mancher Gelehrte auch schon einmal als «verwunschenes Schloss» bezeichnet hat? Der sprachliche Befund deutet darauf hin, dass mit *munimentum Traiani* nicht eine einzelne Anlage, sondern eine militärische Gesamtanlage, ein militärisches Großsystem von Festungen, Wällen, Türmen und Annäherungshindernissen gemeint ist, dessen Errichtung dem Kaiser Traian zugeschrieben wird. Offenbar sind hier der Obergermanisch-Raetische Limes oder zumindest Teile von ihm gemeint. In der Tat hat ja Traian als der eigentliche Begründer des Limes zu gelten, denn er hat die unter Kaiser Domitian noch Stückwerk gebliebene erste Ausbauphase des römischen Grenzsystems nach der Maßgabe eines überlegten und strategisch wie taktisch stimmigen Konzeptes fortgesetzt, das dann von Kaiser Hadrian durch den Bau der Palisade zu einem völkerrechtlich verbindlichen Abschluss gebracht wurde. Der Ausbau des Limes in Obergermanien unter Traian lief auf eine lineare Grenzüberwachung hinaus und bildete die Voraussetzung für die Neuerung im Grenzsicherungskonzept der Römer.

Julian – so ist die Nachricht Ammians zu deuten – setzte also nicht nur ein einzelnes Kastell, sondern die alte Limeslinie, vielleicht auf einer Strecke des östlichen Wetterau-, des Main- und des Odenwald-Baulandlimes, wieder in Stand, und er bestückte die Grenze noch einmal mit Truppen, die mit Fourage aus den Gebieten links und rechts der alten Grenzlinie versorgt wurden. Allein die Nennung dieser großen Versorgungsdienste zeigt, dass hier nicht nur eine einzelne Truppe in einem einzelnen Kastell beliefert worden sein kann, sondern mehrere Einheiten an mehreren Standorten. Ammian berichtet darüber hinaus, dieses _munimentum_ sei vor langer Zeit heftig umkämpft worden, jetzt aber habe man es in aller Eile und mit großem Eifer wieder in Stand gesetzt und mit Truppen zur Verteidigung _(defensores)_ bestückt. Vielleicht handelte es sich bei diesen um föderierte Germanenverbände, deren Anwesenheit sich im germanischen Fundbestand der Kastelle archäologisch dokumentieren könnte. Jedenfalls hätten – so Ammian – diese Maßnahmen einen Sinneswandel bei den Barbaren herbeigeführt und sie aus Angst um Frieden bitten lassen. Julian konnte dadurch zumindest den römischen Herrschaftsanspruch, der 353/354–357 n. Chr. im ehemaligen rechtsrheinischen Limesgebiet in Frage gestellt war, wieder aufrichten und militärisch sichern.

Aus alldem wird ersichtlich, dass Rom de jure das rechtsrheinische Gebiet tatsächlich noch bis zur Mitte des 4. Jahrhunderts n. Chr. und darüber hinaus als Provinzgebiet betrachtete und offenbar bemüht war, die dort gegebenen Machtverhältnisse zu stabilisieren. Offenbar diente dabei womöglich die Linie, die in der mittleren Kaiserzeit durch den Obergermanischen Limes gezogen worden war, erneut in der Funktion als Grenze, jetzt aber als Grenze zwischen römischem, sprich römisch dominiertem, alamannischen Einflussgebiet, und den Stämmen der sich anschließenden *Germania magna.*

In diese Vorgänge ordnet sich auch der besagte Feldzug Julians im Jahr 359 n. Chr. ein, der nach allem, was man dazu bisher vorgetragen hat, offenbar in die Gegend von Öhringen führte. Ammian bezeichnet dieses Areal als *«ein Gebiet, das Cappelatium und Palas genannt wird, wo Grenzsteine die Gebiete der Römer und Burgunder scheidet»,* wobei Grenzsteine noch deutlich zu erkennen gewesen seien. Hinter dem ersten Begriff versteckt sich nichts anderes als die Bezeichnung für den Obergermanischen Limes, der ehemals durch abgeschnittene Pfähle (*cappellare* = abschneiden, *palus* = abgeschnittener Strunk/Pfahl) markiert wurde. Sehr wahrscheinlich ist der Baulandlimes bei Osterburken, Jagsthausen, Öhringen usw. gemeint. In diesem Gebiet – so Ammian weiter – habe es schon lange Auseinandersetzungen zwischen den Alamannen und den Burgundern um hier gelegene Salzquellen gegeben. Diese Salzquellen hat man immer im Bereich von Schwäbisch-Hall gesucht. Sie könnten sehr wohl von den dies- und jenseits der alten Limeslinie siedelnden Germanen beansprucht worden sein. So scheint sich aus diesen Nachrichten noch einmal der Tatbestand der Sicherung alter Grenzanlagen durch Rom zu ergeben, d. h., der alte Limeszug markiert das Gebiet in der Funktion einer Trennlinie, wodurch sich die diesseits und jenseits gelegenen germanischen Siedlungsstellen auch ethnisch deuten ließen: hier römisch-alamannisch, dort nichtalamannisch, d. h. wohl burgundisch.

Demnach könnten also schon Burgunder oder deren Vorfahren an jenem verheerenden Einfall nach Gallien um die Mitte des 4. Jahrhunderts n. Chr. beteiligt gewesen sein, der quasi über die Köpfe der im ehemaligen Limesgebiet angesiedelten föderierten alamannischen Stammesteile hinwegging. Letztere dürften deshalb von den Römern gar nicht so sehr als föderierte Germanen betrachtet worden sein, sondern vielmehr als Platzhalter der römischen Macht, d. h. als eigene Streitkräfte

1   2

oder gar immer noch als Provinzialbevölkerung. Daraus folgend hätte sich in der alten Limesgrenze noch im 4. Jahrhundert n. Chr. die Provinzgrenze sehen lassen, die jetzt allerdings gegen weiter östlich siedelnde Germanen gerichtet war.

Zu keinem Zeitpunkt gab Rom jedenfalls den Anspruch auf das rechtsrheinische Limesgebiet als Bestandteil des Römerreiches auf, versuchte vielmehr bereits gegen Ende des 3. Jahrhunderts n. Chr. diesem Anspruch Taten folgen zu lassen. Schon die Kaiser Diokletian und Maximian verschafften dem römischen Namen im Decumatland, den Landschaften rechts des Hoch-, Ober- und Mittelrheins wieder Geltung: Die Situation zu beiden Seiten des Flusses blieb jedoch von der römischen Warte her unsicher, die römische Herrschaft dort ständigen Schwankungen und den Ausschlägen der Bewegungen germanischer Stammesgruppen unterworfen. Wenn am Geburtstag der Stadt Rom, dem 21. April des Jahres 289 n. Chr., in der Kaiserresidenz Trier ein kaiserlicher Lobredner sicher im Überschwang und in rhetorischer Übertreibung dem Kaiser Maximian zur Charakterisierung von dessen überragenden Leistungen und Erfolgen für das Gemeinwesen entgegenrief, «*dass alles, was man jenseits des Rheins erblicke, römisch sei*», so kam darin zu diesem Zeitpunkt gewiss eher eine Erwartungshaltung als die Beschreibung der wirklichen Situation zum Ausdruck. Die Feldzüge und die sie ergänzenden Maßnahmen des Kaisers Julian und seines übernächsten Nachfolgers Valentinian I. setzten dieses um

4a

Die vier Ausbauphasen des Ober-
germanisch (1–4a)-Raetischen (1–3, 4b)
Limes

4b

300 n. Chr. erst in Ansätzen realisierte Programm in die Wirklichkeit um und bewirkten, dass römische Herrschaft und römisches Leben auch in den Gebieten am Oberrhein erst um die Mitte des 5. Jahrhunderts n. Chr. unwiderruflich zu Ende gingen.

3. Ausbauphasen

Die Grenzpolitik Traians in Germanien führte also einerseits zu einer Reduzierung der Legionen an der Rheinfront auf nunmehr vier: In Straßburg stand die *legio VIII Augusta pia fidelis*, in Mainz die *legio XXII Primigenia pia fidelis*, in Bonn die *legio I Minervia* und in Xanten die *legio XXX Valeria Victrix*. Andererseits kam es zu einem Auseinanderziehen der Hilfstruppen, der Alen, Kohorten und Numeri, die bis dahin in Nähe der Legionen oder entlang der Vormarsch- und Erschließungsstraßen im nachmaligen Limeshinterland stationiert gewesen waren und jetzt unmittelbar an die Limeslinie verlegt wurden. Hier existierte zunächst nur eine in die Wälder geschlagene Grenzschneise mit Postenweg, die von hölzernen Wachttürmen aus kontrolliert wurde. Unter Kaiser Hadrian erfolgte – wie literarische, aber auch archäologische Aufschlüsse an der östlichen Wetteraulinie bei Marköbel (Dendrodatum der Palisadenhölzer 119/120 n. Chr.) zeigen – die Markierung des Grenzverlaufes durch die Anlage eines Palisadenzaunes, der den Postenweg zusätzlich sicherte. Mitte des 2. Jahrhunderts n. Chr. wurde der Limes weiter nach vorne verlegt, die Holztürme durch Steintürme ersetzt und zunächst erneut eine Palisade errichtet. Dies legen einerseits die ältesten Bauhölzer an den Kastellplätzen der beiden vorderen Limeslinien nahe, die 159/160 n. Chr. datieren (Aalen, Osterburken und Rainau-Buch), andererseits die Hölzer der Limespalisade bei Schwabsberg (165 n. Chr.) und im Rotenbachtal (164 n. Chr.). Gegen Ende des 2. Jahrhunderts wurden in Obergermanien als Ersatz der Palisade Wall und Graben angelegt, während in Raetien anstelle der Holzpalisade, der an seinem westlichen Abschnitt offenbar streckenweise ein einfacherer Holzzaun vorausging, bzw. anstelle eines Holzzaunes, der an einigen Stellen seines östlichen Verlaufs der Palisade nachfolgte, eine Mauer errichtet wurde. Wir haben uns dabei an ein Bild gewöhnt, nach dem die späteste Ausbauphase des Obergermanischen Limes wie folgt aussieht: Hinter einer Holzpalisade zieht ein Graben mit dahinter angelegtem Wall, der streckenweise vom Limesweg begleitet wird. In gewissen Abständen stehen Steintürme zur Überwachung der römischen Reichsgrenze. Dieses Bild hat bis in die Schulbücher Eingang gefunden. Um es zu entwerfen, hatte es einer lange andauernden und über Jahre sehr intensiv geführten Diskussion in der Limesforschung bedurft, vor allem in den Zeiten der Reichs-Limeskommission. Dabei spielte die Frage eine Rolle, ob es sich bei dem vor Graben und Wall hinziehenden Gräbchen um ein Annäherungshindernis oder um einen Grenzzaun handelte. Man hatte bei den Ausgrabungen der Reichs-Limeskommis-

sion an manchen Stellen einige Pfähle der Palisade freilegen
können, wie etwa im Bereich der Wachtposten 13/3 bis 13/12
am Mönchroth-Wittenbacher Weg oder in den Wörnitzwiesen
bei Weiltingen im Bereich des Raetischen Limes, jedoch konnten sie nicht genauer datiert werden, denn eine Dendrochronologie gab es seinerzeit noch nicht. So war es nur verständlich,
davon auszugehen, dass die Palisade bis zum Ende des Limes
bestanden hätte.

Nun gibt es aus jüngerer Zeit einige Aufschlüsse der Limespalisade, die gut erhaltene und dendrochronologisch untersuch-
bare Hölzer geliefert haben. Im Jahr 1969 konnten am Limes
von Rainau-Buch, Ortsteil Schwabsberg, in einer Tiefe von 2 m
Palisadenreste ausgegraben werden. Halbierte Eichenstämme
von 0,4 bis 0,6 m Durchmesser waren mit ihrer sorgfältig bear-
beiteten Unterseite in einen Graben gestellt worden, die flache
Seite nach außen gerichtet. Die dendrochronologische Untersuchung der Eichenhölzer ergab das Fällungsdatum 165 n. Chr.
Ein weiteres Dendrodatum an der Limespalisade ließ sich an
Eichenhölzern gewinnen, die bei Grabungen im Rotenbachtal
an der Grenze des Obergermanischen zum Raetischen Limes
geborgen werden konnten. Die dendrochronologischen Untersuchungen ergaben hier ein Fällungsdatum Winter 163/164
n. Chr. Schließlich konnte im Jahr 1992 im Bereich der Limesstrecke 13 unweit der bereits 100 Jahre zuvor durch den Stre-
ckenkommissar der Reichs-Limeskommission Wilhelm Kohl
untersuchten Stelle bei Mönchsroth mit Resten der Holzpalisade erneut «eine Reihe von senkrecht im Boden steckenden
Baumstämmen zum Vorschein» gebracht werden. Es handelte
sich um sechs Nadelholzstämme, die oben abgefault waren, an
denen sich im Grundwasserbereich aber noch die Rinde erhalten hatte. Die dendrochronologische Untersuchung ergab zunächst Fällungsjahre zwischen 235 und 239 n. Chr. Diese seinerzeit mit Überraschung aufgenommene Datierung wurde
aber inzwischen korrigiert. Eine nochmalige Überprüfung dieser Hölzer und einiger aus den Grabungen von vor über hundert
Jahren an dem Limesabschnitt bei Kastell Gunzenhausen ge-
borgenen und noch erhaltenen Palisadenreste wie auch der neu-

erdings bei Nachuntersuchungen im Teufelsweiher bei Mönchsrot gefundenen Hölzer ergab das Fällungsjahr 160 n. Chr. Offenbar hat man also in diesem Jahr am Raetischen Limes zur Sicherung der Grenze auf das in Obergermanien bereits seit langem bewährte System der Palisaden zurückgegriffen. Dieses bestand hier, wie ein seit kurzem vorliegendes, auf dendrochronologischem Wege an Hölzern der Limespalisade beim Kastell Marköbel ermitteltes Datum zeigt, seit dem Jahr 120 n. Chr. In einer Niederung mit der Flurbezeichnung «In den Gräben» fanden sich dort im feuchten Untergrund mehrere Palisadenstümpfe und sonstige Holzabschnitte. Die einzelnen Pfähle der Limespalisade standen in einem Abstand von bis zu 40 cm und bestanden aus halbierten, bis zu 50 cm starken und unten gerade abgeschnittenen Eichenstämmen, deren flache Seite wie am Limes bei Rainau-Buch nach außen, also nach Germanien hin, gestellt waren. Der Kastellplatz Marköbel liegt an der östlichen Linie des Wetteraulimes, dessen Grenzverlauf sich nach Einrichtung der Strecke Altenstadt – Groß-Krotzenburg nicht mehr verändert hat. Man hat bisher angenommen, das Kastell sei um 100 n. Chr. errichtet worden. Jetzt scheint sich eine jüngere Datierung zu ergeben. Das Datum von Marköbel bestätigt in hervorragender Weise den Bericht des Aelius Spartianus in der Vita des Kaisers Hadrian über die Errichtung der Limespalisade zu Beginn der Regierungszeit dieses Kaisers.

Die absolut datierten Palisadenpfähle sowohl von Marköbel (119/120 n. Chr.), von Schwabsberg (165 n. Chr.), aus dem Rotenbachtal (163/164 n. Chr.) von Mönchsroth und Gunzenhausen (160 n. Chr.) belegen, dass die Palisade des Limes an diesen Stellen vermutlich erstmals in den genannten Jahren errichtet wurde. Sie zeigen aber auch, dass es – wenn es hier je zu einem Ersatz alter durch neue Pfähle gekommen wäre – zugleich aber das letzte Mal war, dass die Limespalisade erneuert wurde. Am Limesdurchgang bei Rainau-Dalkingen konnte nachgewiesen werden, dass die Palisade einem einfacheren Holzzaun nachfolgte. Hier ist es also einmal – allerdings an Ort und Stelle – zu einer Ausbesserung oder Verstärkung einer bestehenden hölzernen Grenzmarkierung durch die Errichtung der Palisade gekommen. Es gibt im Bereich der Limesabschnitte an den beschriebenen Fundstellen aber keine Verschiebung der Limeslinie, wo vielleicht auf einer noch jüngeren Limeslinie eine neue Holzpalisade hätte vorkommen können. Weiter östlich wurde die Palisade des Raetischen Limes – ebenfalls an Ort und Stelle – von einem einfacheren Holzzaun ersetzt, von dem es allerdings keine Dendrodaten gibt, sodass es sich also um den einzigen Limesverlauf handelt. Dies aber wiederum bedeutet, die datierten Hölzer hätten – geht man davon aus, dass der Limes auch an diesen Streckenabschnitten bis um 260 oder gar 275 n. Chr. bestanden hat – um die 100 oder sogar mehr als 140 Jahre ihre Funktion als Palisadenpfähle erfüllen müssen. Selbst bei einem Eichenstamm, der mit den Mitteln der damaligen Zeit, nämlich der Ankohlung des in den Boden eingesenkten Teiles, etwas haltbarer gemacht worden wäre, ist dies eine Zeitspanne, die wohl kein noch so gutes Eichenholz übersteht. Schon im ORL wird die Haltbarkeitsdauer der Palisade kaum länger als «ein halbes Jahrhundert» eingeschätzt.

Mit anderen Worten, es wäre also an den genannten Grenzabschnitten damit zu rechnen gewesen, dass nach 20, 30, 40 oder spätestens 50 Jahren eine Erneuerung der Palisade hätte durchgeführt werden müssen. Wenn dem aber so gewesen wäre, hätten sich logischerweise überall jüngere Dendrodaten finden müssen. Dies ist jedoch nicht der Fall. Also ist anzunehmen, dass die Palisade, nachdem sie am Limes bei Marköbel vielleicht um 140/150/160 oder 170 n. Chr., an den anderen Fundorten bis spätestens um 200 n. Chr. schadhaft geworden war, nicht mehr erneuert bzw. im Falle des Limesabschnittes in Raetien von einer Mauer ersetzt wurde.

Den Ersatz an den erstgenannten Orten bildeten allem Anschein nach Graben und Wall. An dieser Stelle wäre damit – logisch gefolgert – ein Beweis dafür erbracht, dass die Palisade am Vorderen Limes von Graben und Wall zeitlich abgelöst wurde. Als Zeitpunkt für diese Ablösung bietet sich am ehesten das Ende der Markomannenkriege, also die Jahre um 180 n. Chr. an, wie dies im Falle der Errichtung der Raetischen Mauer auch angenommen wurde.

Wenn dieser Befund nun auf eine ganze Limesstrecke oder vielleicht sogar auf den ganzen Obergermanisch-Raetischen Limes auszudehnen wäre, hätte dies weit reichende Konsequenzen nicht nur für das Aussehen der römischen Reichsgrenze zu Germanien im 3. Jahrhundert n. Chr., sondern auch für die Funktion des Bauwerks. Wall und Graben erschienen nicht als Zutat zur Palisade und damit als Hinweis für die militärtechnische Verstärkung des Limes am Ende des 2. oder zu Beginn des 3. Jahrhunderts n. Chr.

Es kam den Römern offensichtlich eher darauf an, ihre Grenze zu markieren, vor allem aber, sie gegen den leichten Übertritt mit größerem Tross zu wappnen. Die Palisade zu überwinden bedeutete etwa für eine Germanensippe mit allem Zubehör oder für mit Ochsengespannen ausgerüstete Händler, einige der Pfähle umzulegen, was sicherlich nicht der Beobachtung durch die römische Grenztruppe entgangen wäre. Die Überwindung von Graben und Wall hätte vor der Schwierigkeit gestanden, entweder die Wagen abzuladen, sie auseinander zu nehmen, hinüberzutragen und dort wieder zusammenzusetzen, oder aber zu riskieren, dass die Wagenachsen beim Überfahren von Graben und Wall einfach gebrochen wären. Das Verfüllen eines Grabenstückes und die Anlage einer schiefen Ebene zur Überwindung des Hindernisses wären den Wachtposten wohl ebenfalls sofort aufgefallen. Es blieb den Grenzgängern also nichts anderes übrig, als den Limes an den dafür ausgewiesenen Grenzpassierstellen – zumeist in der Nähe der Kastelle gelegen – zu überschreiten. Den Römern bot sich hier die Möglichkeit, nicht nur ein- und ausgehende Menschen und Waren kontrollieren, sondern – wie nun schon mehrfach erwähnt – auch Zölle und Steuern erheben zu können. Damit übernahm der Limes von seiner Systematik her gesehen die Funktion einer mittelalterlichen Landwehr. Diese sollte den Personen- und Warenverkehr auf ganz bestimmte, gut überwachte Durchgänge, die «Schläge», lenken, wo sich Kopf- und Gütersteuern erheben ließen. Der Limes fungierte somit als «Reichs-Landwehr», von der aus sich die bevölkerungs- und wirtschaftspolitischen Auswirkungen auf die Verhältnisse im Limeshinterland steuern ließen.

Die einfachen Marktgesetze galten auch und gerade in der Antike. Angebot und Nachfrage regelten den Preis. Kamen zu viele Güter über die Grenzen in die Provinz herein, konnte das Preisgefüge beeinflusst werden, gingen zu viele Produkte aus der Provinz hinaus, wurden die im Innern des Reiches zur Verfügung stehenden Ressourcen geschwächt. Gab es im Limeshinterland stabile Bevölkerungsverhältnisse oder gar Phasen einer Überbevölkerung, war es sicher nicht nur ökonomisch, sondern auch ökologisch sinnvoll, Neuzüglern die Ansiedlung auf Provinzboden zu verweigern. Nach einer Phase des Bevölkerungsrückgangs, etwa nach der Pestepidemie im Gefolge der Markomannenkriege, konnte genau das Umgekehrte sinnvoll sein, schließlich kam es den Römern wohl nicht so sehr darauf an, ob es Germanen waren, die in den aufgelassenen städtischen oder ländlichen Siedlungen eine neue Heimat fanden, sondern dass sie durch ihre Arbeit zum Steueraufkommen der Provinz beitrugen.

Freilich bedeutet eine solche Sicht der Dinge auch, dass wir offenbar mit größeren Interaktionen an der Grenze zu rechnen haben. Es muss mehr germanische Siedlungen im Vorfeld des Limes gegeben haben, die möglicherweise als Zwischenhandelsplätze auftraten und Güter in die germanischen Kerngebiete an Weser und Elbe verhandelten, als sich dies archäologisch bisher nachweisen lässt.

All dem lässt sich aber noch ein weiterer Aspekt abgewinnen, der in den letzten Jahren zunehmend Beachtung in der Literatur gefunden hat und der die ökologische Seite betrifft. Hat man vielleicht an der Wende des 2. zum 3. Jahrhundert n. Chr. die Palisade deshalb nicht mehr aufgerichtet, weil in Obergermanien und Raetien Holzmangel herrschte? Die Römer haben bei der Besetzung, der Anlage des Limes, dem Bau der Türme und Kastelle, der Erschließung des Hinterlandes, der Unterhaltung ihrer aufwändigen Stadt- und Villenkultur, der Landwirtschaft und dem Betrieb ihrer frühindustriellen Unternehmungen seit der Zeitenwende ungeheure Holzmengen am Rhein benötigt. Gab es überhaupt genügend Holz für all diese Zwecke?

Die archäobotanischen Untersuchungen im Limesgebiet, aber

auch in den Gebieten links des Rheins und in der *Germania magna*, sprechen für die römische Zeit eine eindeutige Sprache. So herrschte offenbar in den Zentren an Rhein und Mosel, in den fruchtbaren Landstrichen am Oberrhein, der Wetterau und im Neckarland schon damals eine Verteilung von Wald und Feld, wie sie in etwa noch heute gegeben ist. Das heißt, Wald war in weiten Gebieten nicht mehr vorhanden. Zudem zeigt sich für die *Germania magna*, dass das Vorhandensein des Limes und die daraus folgende Hinderung der Germanen, nach Süden und Westen vorzudringen, zu örtlich stärkeren Rodungen sogar im so genannten «Freien Germanien» führte. Vor allem die Untersuchungen in der Wetterau haben gezeigt, dass bei Ankunft der Römer bereits eine parkähnliche Landschaft vorhanden war, die keine groß angelegten Rodungen zur Schaffung von Schneisen, *limites*, nötig machte. Sitzen wir gar in diesem Punkt mit unseren Interpretationen von den Anfängen des Limes als einer vom römischen Militär angeblich in großem Stil durch undurchdringliche Wälder geschlagenen Schneise einem Topos der antiken Geschichtsschreibung auf? Pollendiagramme zeigen zudem, dass sich eine Steigerung der Holzwirtschaft in römischer Zeit nicht erkennen lässt. Und jüngst haben Untersuchungen an den aus dem Mittelgebirgsraum vorliegenden Dendrokurven gezeigt, dass mit dem Ende einer seit der Zeitenwende ausgeprägten feuchtwarmen Vegetationszeit gegen 180/200 n. Chr. nicht nur der Getreideanbau sondern auch das Wachstumsvolumen des Holzes zurückgegangen sein muss. Mit anderen Worten, es gab weniger Holz, das zu schlagen war, und die Römer mussten ihr Holz aus den Wäldern der angrenzenden Mittelgebirge schlagen. Zunächst mögen dies Taunus, Westerwald, Vogelsberg und Rhön, im Süden der Odenwald gewesen sein. Später mag man auch auf den Spessart ausgegriffen haben.

Vor diesem Hintergrund ist zu überlegen, ob die Vorverlegung des Limes um die Mitte des 2. Jahrhunderts n. Chr. möglicherweise auch von dem Bemühen der Provinzverwaltung geprägt war, näher an die Ressource Holz zu kommen, indem man die neue Linie an die Grenze zu waldreicheren Gebieten wie etwa am Main zum Spessart, im Bauland zum Löwensteiner Bergland und zwischen Öhringen und Schwäbisch Gmünd zum Welzheimer Wald hin verschoben hat.

In Raetien könnte sich – mit Ausnahme eines kleinen Abschnitts am westlichen Raetischen Limes, wo bereits der Palisade ein Holzzaun vorausging – ein ähnliches Bild dadurch abzeichnen, dass an einigen Stellen die Reparatur der baufälligen Limespalisade durch einen Flechtwerkzaun erfolgte. Ziel mag hier der geringere Stammholzverbrauch gewesen sein. Nach Aufgabe der ganzen Palisade am Raetischen Limes beschritt man zur Grenzsicherung nicht den Weg der Ersatzanlage durch Graben und Wall, sondern errichtete eine Mauer. Steine standen nämlich überall zur Verfügung. Dort, wo sie fehlten, ließen sie sich leicht herantransportieren. Spuren der Raetischen Mauer sind als z. T. mächtiger Damm oder als rekonstruiertes Teilstück an mehreren Stellen in Süddeutschland noch heute sichtbar. Der Raetische Limes mit seiner Mauer diente denselben Zwecken wie der Obergermanische Limes mit Wall und Graben in seiner letzten Ausbaustufe. Auch in Raetien sollten die Menschen- und Warenströme, die über die Provinzgrenze führten, gezielt auf die Limesdurchgänge gelenkt werden, wo man mit ihnen ebenfalls entsprechend einer bevölkerungs- und wirtschaftspolitischen Zielsetzung verfahren konnte. Somit stellen die Limesbauten in Obergermanien und Raetien nur zwei Varianten ein- und desselben Grenzsystems dar.

An fast allen Abschnitten des Obergermanischen Limes ergaben Ausgrabungen, dass ein einheitliches Bild einer Wall-Graben-Anlage angestrebt und offenbar auch umgesetzt worden war. Die – betrachtet man die ganze Limesstrecke – gewaltigen Anstrengungen des Limesausbaus Ende des 2. und zu Beginn des 3. Jahrhunderts n. Chr. lassen sich aufgrund der Abmessungen des Grabens von bis zu 8 m Breite und circa 2 m Tiefe und der mit bis zu 2,50 m Höhe zu rekonstruierenden Mächtigkeit des Walles ebenso erahnen, wie durch die Errichtung der bis zu 1,20 m breiten und wohl bis über 3 m hohen Raetischen Mauer. Nur an zwei Stellen des Vorderen Obergermanischen Limes wurde ebenfalls eine Mauer errichtet, so im Bereich des Taunuslimes, zwischen dem Kleinkastell «Altes Jagdhaus» und dem

WP 3/55 «Klingenkopf» unweit westlich der Saalburg auf etwa 5 km Länge und am Baulandlimes etwa von Osterburken bis Öhringen auf 17,5 km Länge. Während im ersteren Falle offenbar der harte Untergrund des Taunusquarzits das Ausheben eines Grabens zu aufwändig erscheinen ließ, wird in der genannten Stelle des Vorderen Obergermanischen Limes in Anlehnung an den Befund der Raetischen Mauer die jüngste Ausbauphase des Limes gesehen. Wall und Graben oder auch die Mauer stellen jedenfalls die letzten Verstärkungen an der unmittelbaren Limeslinie dar.

III. Die Anlagen am Limes

Der Obergermanisch-Raetische Limes weist eine Vielzahl von Anlagen und Einrichtungen auf, deren Überreste es möglich machen, die baulichen, chronologischen und topographischen Einzelheiten des Grenzsystems zu beschreiben. Dadurch lässt sich erkennen, über welche hervorragenden Kenntnisse das römische Militär in bau- und ausstattungstechnischer, militärstrategischer und logistischer Hinsicht verfügte. Die Errichtung der verschiedenen *limites* an den Enden des Römischen Reiches mit ihren den jeweiligen Örtlichkeiten geschuldeten Besonderheiten lässt sich nur vor dem Hintergrund einer funktionierenden Heeres- und Verwaltungsorganisation verstehen, die über hervorragende Spezialisten beim Bau der Limesanlagen und der Versorgung der Limestruppen verfügte. Für die archäologische Forschung bilden die vielfältigen Ergebnisse der Untersuchungen an den Objekten im Gelände die Grundlage für den Versuch, Geschichte, Aussehen und Funktion des Limes zu beschreiben.

I. Der Patrouillenweg

Am Anfang hatte der Limes aus einem einfachen Patrouillenweg bestanden, an dem in mehr oder weniger regelmäßigen Abständen Wachttürme standen. Von ihnen aus kontrollierten die Besatzungen die Vorgänge an der Demarkationslinie. Der zumeist unmittelbar hinter der Palisade verlaufende so genannte Limesweg zog auf einer in die Waldungen Germaniens geschlagenen Schneise *(limes)*, die sich noch an manchen Stellen hinter Limesgraben und -wall erkennen lässt. Während der Patrouillenweg in der Frühzeit und streckenweise wohl auch später nur als schmaler Saumpfad ausgebildet gewesen ist, hat er sich an einigen Abschnitten in Form einer regelrechten Steinstückung erhalten. Stellenweise war er aber nur als Kieskörper ausgebaut oder er verlief über eine von Steinen freigeräumte Bodenzone. Hin und wieder konnte er auch von kleinen seitlichen Gräbchen eingefasst sein. An einigen Stellen war der Raum zwischen der Palisade und dem Begleitweg so eng, dass beim späteren Aufwerfen des Limeswalls der Weg durch das aufgeschüttete Erdreich überdeckt wurde.

Der Limesbegleitweg diente in erster Linie der Kommunikation und dem Wachgeschehen zwischen den Wachttürmen unmittelbar am Limes. Daneben gab es noch den Limesweg, der die Grenzzone mit ihren Einrichtungen an die einzelnen Kastellanlagen und darüber hinaus an die Versorgungswege, die aus dem Hinterland heranführten, angeschlossen war. Über diese lief auch die Versorgung mit Nahrungsmitteln und allen weiteren notwendigen Gütern. Trotz mancher Kunstbauten dürfte die Wegeverbindung zwischen den einzelnen Wachtposten untereinander in der Hauptsache durch reine Naturwege erfolgt sein.

2. Wachttürme aus Holz und Stein

Auf der Traianssäule in Rom, dem Reliefband des Siegesmonuments Kaiser Traians über die Daker, finden sich Wachttürme des moesischen Donaulimes aus dem frühen 2. Jahrhundert n. Chr. dargestellt. Auch wenn es sich offenbar hier um die Wiedergabe des Aussehens von Steintürmen handelt, werden die Reliefs der Traianssäule bei der Rekonstruktion archäologischer Turmbefunde auch an anderen Limeslinien immer wieder herangezogen. Aber gerade auch die gut erhaltene archäologische Substanz wie auch die zahlreichen Funde von Architekturteilen an den Wachtposten der verschiedenen Limeslinien, besonders des Odenwaldlimes, erlauben bei guter Befundbeobachtung die Rekonstruktion des Aufgehenden sowohl der Holz- als auch der Steintürme.

Die frühesten Wachttürme waren viereckige Holzbauten, deren Grundrisse Seitenlängen zwischen zwei bis fünf Metern aufwiesen. Die Holztürme befanden sich meist auf einer Platt-form, die innerhalb eines runden oder rechteckigen Grabens gelegen war. Der Graben hatte einmal die Funktion eines An-näherungshindernisses – Belagerungsgeräte ließen sich da-durch nicht so leicht heranführen – zum anderen diente er auch der Drainage der Turmstelle. Bei den archäologischen Ausgra-bungen der Holztürme fanden sich unterschiedliche Konstruk-tionen. Die Eckpunkte der Türme wurden von mächtigen, bis zu 60 cm Kantenseite aufweisenden Holzpfosten gebildet, in die Tragebalken eingezapft waren, welche die Böden der Zwi-schenstockwerke aufnahmen. Die Turmaußenwände dürften in Blockbauweise oder als Bretterverschlag ausgebildet gewe-sen sein. Möglicherweise besaßen einige Holztürme auch ein begehbares Untergeschoss. Wie sich bei den Ausgrabungen be-sonders am Odenwald- und Taunuslimes aber auch an anderen Limesstrecken herausgestellt hat, besaßen die mehrgeschos-sigen Holzwachttürme ein massives Untergeschoss. Die Stein-sockel wiesen Auslassungsschlitze auf, ein Hinweis darauf, dass sich hier einst ein Holzbalken-Gitterwerk befand, dessen Zwischenräume mit Stein-Erde-Material ausgefüllt worden war. Diese Konstruktion sollte ein schnelles Eindringen oder gar Untergraben des Turmes verhindern, diente aber offenbar auch der Trockenhaltung der gesamten Turmstelle. In seinem Aussehen ähnelte er dem Prinzip eines *murus Gallicus*. Offen-bar wurde das gesamte Untergeschoss des Turmes von dieser Konstruktion eingenommen. Der massiv ausgeführte Sockel war somit nicht begehbar. Der Eingang befand sich im ersten Obergeschoss, das als Wohnraum genutzt wurde und über eine Leiter zugänglich war, die eingezogen werden konnte. Im zwei-ten Obergeschoss befand sich die Wachstube, von der aus viel-leicht auch ein Balkon betreten werden konnte, der in dieser

Höhe den Turm umgab. Eine umlaufende hölzerne Galerie wie auf der Traianssäule dargestellt, konnte zwar archäologisch an Holztürmen bisher nicht nachgewiesen werden, ist aber durchaus anzunehmen. In den beiden Obergeschossen dürften Fenster vorhanden gewesen sein, die vielleicht einen Mittelpfosten besaßen. Andere waren einfach gestaltet und mit Holzläden verschließbar. Das Dach war mit langen, nur knapp 3 cm dicken Eichenschindeln gedeckt. Die Höhe der Wachttürme dürfte zwischen acht und zehn Meter betragen haben.

In den Jahren 145/146 n. Chr. wurden am Obergermanisch-Raetischen Limes die älteren Holztürme von Steinbauten ersetzt. Die Datierung ergibt sich aufgrund einiger Inschriften vom Odenwaldlimes, die durch die Angabe der Titulatur des Kaisers Antoninus Pius bzw. durch die der regierenden Konsuln auf das Jahr genau eingeordnet werden können. Für die Steintürme verwendete man den örtlich anstehenden Naturstein, der in Kalkmörtel vermauert wurde. Die Türme erhielten anschließend einen Kalkmörtelputz, der außen zumeist mit einem rötlichen Fugenstrich versehen wurde, welcher dort ein regelmäßiges Quadermauerwerk vortäuschen sollte, wo es aufgrund des schwierig zu bearbeitenden Steinmaterials mit den Bruchsteinen selbst nicht zu erzielen war. Funde von Fenster- und Türeinfassungen sowie Gesimssteine belegen, dass man auf ein ansprechendes und repräsentatives Äußeres und auf Bauqualität achtete. Das oberste Geschoss besaß zudem eine umlaufende Galerie, wie sie auf der Traianssäule abgebildet wird.

Es ist fraglich, ob die Türme in allen Fällen durchgängig aus vollem Bruchsteinmauerwerk bestanden. Vielmehr könnte die teilweise geringe Steinmenge an manchen Turmschutthügeln darauf hinweisen, dass die Obergeschosse der Wachttürme lediglich verputztes Holzfachwerk besaßen. Die Funde von Fenstergewänden und Türsturzlynetten aus Stein weisen wohl ein durchgängiges Steingebäude, besagtes Fehlen von Steinmaterial und starke Hüttenlehmreste im archäologischen Befund eher aber einen Holzfachwerkteil nach. Das Dach der Türme war meist mit Holzschindeln oder auch Reet gedeckt. Größere Steintürme wiesen eine Dachbedeckung aus Ziegeln auf.

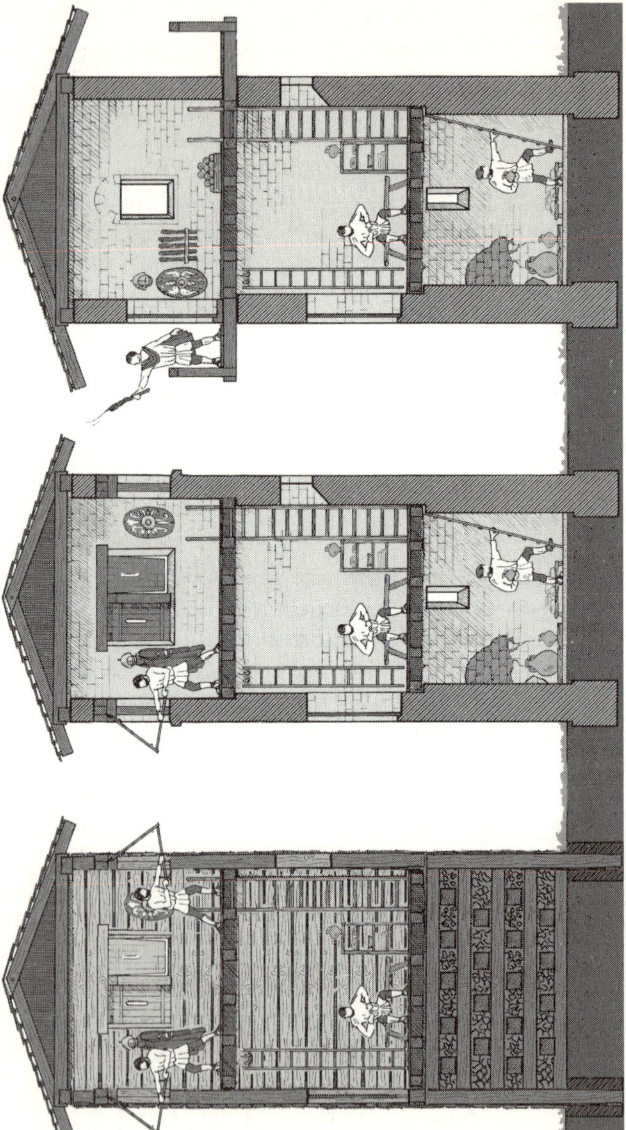

Lebensbild eines römischen Holz- (links) und Steinwachtturms

Die Steintürme besaßen drei Geschosse. Aufgrund archäologischer Aufschlüsse ist anzunehmen, dass im Untergeschoss Vorräte gelagert wurden. Hier fanden sich zuweilen die Abdruckstellen von Ölamphoren. Im ersten Obergeschoss befand sich der Schlafraum, während die Wachstube im zweiten Obergeschoss untergebracht war. Zwerchsäulen zeigen, dass die Obergeschosse zuweilen Doppelfenster besaßen. Auch die Höhe der Steintürme dürfte um die acht bis zehn Meter betragen haben. Die Türme dienten neben der Grenzüberwachung auch der Nachrichtenübermittlung per Licht- oder Lautsignal. Letzteres wird z. B. dokumentiert durch das bronzene Mundstück eines Signalhornes, das bei WP 4/18 «Im Vogeltal» am Taunuslimes gefunden wurde.

Einzelne Turmstellen wurden bereits von der Reichs-Limeskommission vor 100 Jahren vollständig ausgegraben, sodass man dort eine Abfolge der einzelnen Turmbauten feststellen konnte. Außerdem zeigten die aufgedeckten Befunde, wie es in der unmittelbaren Umgebung der Wachttürme ausgesehen hat. Das Beispiel des Wachtpostens 10/8 «Im Lützelbacher Bannholz» am nördlichen Odenwaldlimes beweist dies eindrucksvoll. Hier konnten die Reste zweier jeweils von einem Kreisgraben umgebenen hölzernen Wachttürme, davor das Mauergeviert des Steinturmes ausgegraben werden. Die ganze Turmstelle scheint zunächst von einem Holzzaun umzogen worden zu sein, der später von der Limespalisade überschnitten wird. Zu Beginn des 2. Jahrhunderts n. Chr. erbauten die Römer als erstes einen Holzturm mit massivem Untergeschoss, den sie mit einem einfachen Holzzaun umgaben. Offenbar brannte der Turm alsbald ab, sodass der Neubau eines zweiten notwendig wurde. Er wurde wiederum in Holz ausgeführt. In den Jahren 145/146 n. Chr. erfolgte dann der Bau des Steinturmes. Die Odenwaldlinie wurde aber alsbald aufgegeben und die Grenzstrecke weiter nach Osten auf die so genannte Vordere Limeslinie zwischen Miltenberg am Main und Lorch an der raetischen Grenze verlegt. Die neue Linie bestand seit etwa 155 n. Chr. bis zum Fall des Limes in den Jahren 260/275 n. Chr. An der jüngeren Limesstrecke kamen nur noch Steintürme zum

Einsatz, was in dieser Zeit auch für die anderen Abschnitte des Obergermanisch-Raetischen Limes gilt.

Am Raetischen Limes befanden sich die Steintürme einge-bunden in die Raetische Mauer. Zumeist waren sie ebenerdig zugänglich. Auf einen Zugang im ersten Obergeschoss konnte verzichtet werden, weil der unmittelbare Eintritt in den Turm erst nach Überwindung der bis zu 3 m hohen Limesmauer, die damit zusätzlichen Schutz bot, möglich war.

Vereinzelte archäologische Befunde wie Reste von Nebenge-bäuden, Schuppen, Blockhäusern, Gruben, Feuerstellen und Steinstückungen im Umfeld von Wachttürmen erlauben zusam-men mit einschlägigem Fundmaterial aus Metall, Glas, Kera-mik und Knochen Rückschlüsse auf Einzelheiten des Soldaten-lebens an einer Turmstelle. So führten z. B. jüngste archäolo-gische Ausgrabungen an Wachtturm 5/4 «An der Rüdigheimer Hohl» bei Neuberg-Ravolzhausen am östlichen Wetteraulimes nicht nur zur Entdeckung zweier bisher unbekannter Holztür-me, sondern im unmittelbaren Umfeld der Turmstelle zur Frei-legung von Erdkellern, einigen Vorratsgruben und acht recht-eckigen Grubenhäusern, in welchen sich jeweils ein oder zwei kleine Backöfen fanden.

Durch die Funde von Vorratsgefäßen, Mühlsteinen oder fes-ten Feuerstellen muss man davon ausgehen, dass die Soldaten über einen längeren Zeitraum in den Wachttürmen wohnten. Während das Untergeschoss eines Steinturms als Vorratsraum und Abstellkammer genutzt werden konnte, diente das Ober-geschoss als Aussichtsraum und Wachstube. Das mittlere Stockwerk, über das aus Sicherheitsgründen nur der Zugang mittels einer Leiter möglich war, nahm die Schlafplätze der hier stationierten Soldaten auf. Die Türme verfügten über eine Besatzung in Stärke einer Mannschaftsstube *(contubernium)*, die zahlenmäßig von der Größe der die Wachmannschaft ent-sendenden Truppe des nächsten Limeskastells abhängig war und wohl bis zu acht Mann umfasste. Sie erhielten eine für die Abkommandierungszeit berechnete Nahrungsmittelration, die vor allem Fleisch und Getreide umfasste. Letzteres wurde mit eigens mitgebrachten Mahlsteinen jeweils frisch gemahlen. Einige Turmbesatzungen nutzten auch die Fleischversorgung aus der freien Wildbahn, wie entsprechende Knochenfunde von Wildtieren bei Ausgrabungen einzelner Turmstellen belegen.

An der Turmstelle bei Ravolzhausen haben die Soldaten während der ganzen Belegungsdauer des Postens auf ihr Brot in Backöfen, die sie in der Umgebung der Turmstelle in einfachster Form errichteten, zurückgegriffen. Die Untersuchung der archäobotanischen Funde ergab dabei, dass sie vorbehandelte, entspelzte und gesiebte Getreiderationen zur Herstellung von Brot *(panis militaris)* erhielten. Körner von Dinkel, Gerste, Hirse, Nacktweizen und Roggen sowie Rückstände von Linsen, Erbsen und Mohn verdeutlichen, dass sie neben Backwerk auch ihre Getreideeintöpfe und Hülsenfrüchtebrei *(puls)* hergestellt haben. Haselnüsse deuten auf eine Selbstversorgung aus der Umgebung. Stellt man zu diesem Befund noch die Ergebnisse der Untersuchungen an WP 4/5 «Am Grauen Berg» am Taunuslimes in der Nähe der Saalburg, so lässt sich das Lebensbild einer Wachtturmbesatzung am Limes anschaulich nachzeichnen. Dort zeigte sich nach der Auswertung des gefundenen Tierknochenmaterials, dass die Soldaten in Turmnähe wohl Schweine gehalten haben, während ihr Bedarf an Rindfleisch durch angelieferte portionierte Rationen, wohl Rinderhälften, gedeckt wurde

Entlang der gesamten Strecke des Obergermanisch-Raetischen Limes wurde eine ganze Reihe von Wachtturmrekonstruktionen sowohl in Holz- als auch in Steinbauweise ausgeführt. Allesamt stellen sie das Ergebnis des jeweils zu ihrem Errichtungszeitpunkt erzielten wissenschaftlichen Forschungsstandes dar. Sie dürfen deshalb in ihrem äußeren Erscheinungsbild nicht immer als absolut authentisch angesehen werden.

3. Die Palisade, Wall und Graben

Die Limespalisade bestand – dort wo sie archäologisch nachgewiesen werden konnte – meist aus Eichen-, am Raetischen Limes aber auch aus Tannenholz. Reste der Palisadenhölzer haben sich an Limesabschnitten, die durch feuchtes Gelände führen, erhalten. Schon bei den Grabungen der Reichs-Limeskom-

mission konnten bei Mönchsroth und Gunzenhausen am Raetischen Limes die Reste der Palisadenhölzer freigelegt werden.
Bis heute sind weitere Palisadenholzfunde vom Limes bei Rainau-Buch, von der Übergangsstelle des Obergermanischen zum
Raetischen Limes im Rotenbachtal bei Schwäbisch-Gmünd sowie von Marköbel am östlichen Wetteraulimes geborgen worden. Es handelt sich um halbierte, bis zu 50 cm starke, unten
gerade Eichenstämme, die mit ihrer flachen Seite nach außen,
also nach Germanien hin, aufgestellt waren. Ihre Standfestig-
keit wurde durch Querhölzer, die hinter den Pfählen vernagelt
worden waren, und auch durch Verkeilhölzer und -steine, die
sich im Palisadengräbchen gefunden haben, gewährleistet. Das
Palisadengräbchen selbst zeigte bei den Ausgrabungen oft einen
trichterförmigen Querschnitt. Dabei handelt es sich um einen
technischen Kniff, denn dadurch hätte sich ein schadhaft ge-
wordenes Holz, ohne dass man gezwungen gewesen wäre, einen
gesamten Palisadenabschnitt herauszunehmen, leicht ersetzen
lassen. In Raetien kommen ganze Tannenholzstämme vor. Die
erhaltenen Hölzer ließen sich mittels der Dendrochronologie
exakt datieren. Dadurch wurde nachgewiesen, dass die erste
Limespalisade vermutlich am ganzen Obergermanischen Limes
in Taunus, Wetterau und Odenwald tatsächlich zu Beginn der
Regierungszeit Kaiser Hadrians in den Jahren 119/120 n. Chr.
errichtet worden war. Dagegen entstand die Palisade des weiter
nach Osten verlegten so genannten Vorderen Obergermanischen
Limes in den Jahren 164/65, und die des Raetischen Limes im
Jahr 160 n. Chr. An einigen Stellen des Limes in der nördlichen
und östlichen Wetterau konnten sowohl im Luftbild bei Kastell
Arnsburg und wohl auch an WP 5/4 «In der Rüdigheimer Hohl»
bei Neuberg-Ravolzhausen sowie bei neuesten Grabungen an
WP 4/70/71 «Im Hehlingsgrund» unweit des Kastells Inheiden
zwei Palisaden festgestellt werden. An der letztgenannten Stelle
zogen sich in einem Abstand von 2 m bzw. 6,50 m vor dem Limesgraben zwei parallel zueinander verlaufende Palisadengräbchen von jeweils rund 0,60 m Breite hin. In den Palisadengräbchen ließen sich keinerlei Hinweise auf Palisadenhölzer finden,
was möglicherweise darauf hindeuten könnte, dass die Holz-

pfähle gezogen wurden. Leider ließ sich nicht feststellen, ob es sich um zwei gleichzeitig bestehende Palisadenreihen handelt, oder ob sie sich zeitlich nacheinander ablösten. Sollte für diesen Limesabschnitt auch die Annahme gelten, dass Wall und Graben die Palisade abgelöst haben, so hätten wir hier – vorausgesetzt, sie existierten nicht zeitgleich – zwei nacheinander errichtete Palisaden vor uns. Gehen wir von der Errichtung der Palisade unter Hadrian um das Jahr 120 n. Chr. aus, so könnte die erste Pfahlreihe um 150/160 n. Chr. schadhaft geworden und von einer neuen in einigem Abstand dahinter angelegten Palisade ersetzt worden sein. Diese hätte dann wiederum bis etwa 190/200 n. Chr. gehalten, bevor an ihre Stelle schließlich Wall und Graben getreten wären. Denkbar wäre aber auch, dass die Hölzer der ersten Palisade gezogen oder abgesägt wurden, um in der jüngeren Palisade noch einmal verbaut zu werden, was das Fehlen jeglicher Pfostenstandspuren erklären könnte. Allerdings kann das aber auch den Auswirkungen der Erosionsvorgänge im Boden zuzuschreiben sein. Möglicherweise handelt es sich hier also um eine Reparaturphase, wenn in den Strukturen nicht ein doppeltes Annäherungshindernis zu sehen sein sollte. Als die Palisade am Obergermanischen Limes noch einmal schadhaft geworden war, behalfen sich die römischen Soldaten mit anderen Strukturen zur Kennzeichnung der Grenze: Sie hoben einen Graben aus und schütteten das ausgehobene Erdreich dahinter zu einem Wall auf. Auch dieses Hindernis konnte weder von kleineren Neusiedlergruppen noch von mit großen Warenbeständen versehenen Händlerkonvois ohne weiteres überschritten werden, zumal die Überwachung der einzelnen Grenzabschnitte von den Türmen aus gewährleistet war.

4. Limesdurchgänge: Wirtschaftsaustausch und Grenzverkehr

Der Ausbau des Obergermanisch-Raetischen Limes fand seinen vorläufigen Abschluss durch die Errichtung der Limespalisade vor dem bis dahin alleine bestehenden Patrouillenweg in hadrianischer Zeit. Möglicherweise hat Hadrian bei seinem Besuch in Obergermanien in den Jahren 121/122 n. Chr. den Bau kontrolliert, wobei es vielleicht an einigen Stellen, wie etwa im Taunus, auch zu Berichtigungen des Verlaufs der Limeslinie gekommen ist. Mit der Palisade war der Provinz endlich eine sichtbare und wohl auch völkerrechtlich verbindliche Grenze gegeben. Bei der Errichtung dieses aufwändigen Palisadenwerkes ist nicht allein von militärtaktischen Gründen, wie von der älteren Forschung betont, auszugehen. Zweck der neuen Grenzeinrichtung war es vielmehr, neben der Abwehr kleinerer Einfälle in Form von Raubzügen oder illegalen Grenzübertritten, den Grenzverkehr auf einzelne, besonders überwachte Durchgänge zu lenken. Dies hatte naturgemäß nichts mit rein militärischen Optionen zu tun, sondern verweist besonders auf den bevölkerungs- und wirtschaftspolitischen Hintergrund der Maßnahme. Nach Einrichtung der Provinz war es notwendig, den gerade im Entstehen begriffenen Wirtschaftsraum des Limeshinterlandes durch eine systematisierte Ein- und Ausfuhrkontrolle zu schützen. An den Außengrenzen des Reichs wurden schon vor 1900 Jahren ein- und ausgeführte Waren mit Zoll *(portorium, vectigal)* bis zu einer Höhe von 25 % belegt, um das Preisgefüge innerhalb der Provinz und damit die Wirtschaftlichkeit der einzelnen Produktionseinheiten, d. h. der Handwerks- und Industriebetriebe in den Siedlungen *(vici)*, den Landgütern und Bauernhöfen *(villae rusticae)* zu erhalten. Dies mag sich sogar auf zuwandernde, billige Arbeitskräfte bezogen haben, die das Lohngefüge durcheinander zu bringen drohten.

Die zahlreichen römischen Funde, die sich im Gebiet der *Germania magna* finden lassen, werfen zudem die Frage auf, wie diese römischen Produkte in die Lande jenseits des Limes gelangen konnten. Handelte es sich um Beutegut von Kriegs- und Raubzügen, um Geschenke der römischen Seite an machtvolle Germanenfürsten außerhalb des Imperiums oder um echte Handelsware?

Mit einem seit der zweiten Hälfte des 2. Jahrhunderts n. Chr. sich allmählich abzeichnenden germanischen Gefahrenpotenzial an Weser und Elbe kam der Überwachung der Grenze zunehmend Bedeutung zu. Dabei dürften nicht nur die Einfuhr

von Waren und der Zuzug von Menschen im Blick der Behörden
gewesen sein. Möglicherweise hatten sie sich jetzt auch verstärkt
mit der illegalen Ausfuhr von Gütern über die Grenze, insbesondere Waffenlieferungen und Geldzahlungen auseinander zu setzen. In diesem Zusammenhang dürften die zahlreichen Benefi-
ciarier-Stationen am Limes zu sehen sein. Mit den Beneficiariern
– von den Statthaltern eigenhändig ausgesuchten, altgedienten
und loyalen Legionssoldaten im Range von Obergefreiten – verfügte der Provinzchef über Militärpersonal, das er an neural-
gischen Punkten für seine Provinzverwaltung einsetzte. Dazu
gehörten die Grenzübergänge, wo die Beneficiarier offenbar die
dortigen Vorgänge überwachten und über ihre Beobachtungen
direkt an den Statthalter berichteten. Aber auch im rückwärtigen Provinzgebiet wurden sie eingesetzt. Oftmals tauchen ihre
inschriftlichen Zeugnisse, meist Weihesteine, die sie nach der
erfolgreichen Ableistung des Dienstes vor Ort, in ihrer Dienst-
stelle *(statio)*, aufstellten, im Bereich von Straßenkreuzungen
auf. Dies hat in der Forschung zu der Annahme geführt, diese
Militärcharge hätte etwas mit dem eigentlichen Straßenverkehr
zu tun. Tatsächlich lassen sich aber auch an diesen Stellen die
Menschen- und Handelsströme sehr gut überwachen.

Wie hat man sich den Grenzverkehr am Limes überhaupt
vorzustellen? Grenzdurchgänge sind an mehreren Stellen des
Obergermanisch-Raetischen Limes nachgewiesen, meist an
den Ein- oder Austrittsstellen alter Fernwege am Limes, selbst
dort, wo diese Wege nicht unmittelbar in dicht besiedelte germanische Gebiete führen. In ihrer unmittelbaren Nähe befinden sich zumeist Wachtturmstellen oder Kastellplätze. Die
wohl an den meisten Kastellorten angesiedelten Marktplätze –
erkennbar an den sich im archäologischen Befundplan oft abzeichnenden großen dreieckigen Freiflächen unmittelbar vor
den Haupttoren der Kastelle – dürften ein Schlaglicht auf die
an der römischen Grenzlinie herrschende Handelssituation
werfen. Offenbar trafen hier germanische und römische Händler zum friedlichen Austausch ihrer Waren aufeinander, wobei
von römischer Seite vor allem Fertigprodukte, von germanischer wohl eher Rohstoffe angeboten wurden.

IV. Truppen und Truppenlager am Limes

War die römische Armee bis zum Ende des 2. Jahrhunderts v. Chr. noch ein Heer aus Bürgern und Bauern, die im Kriege zusammengezogen und nach den Kämpfen wieder nach Hause geschickt wurden, so erfolgte seit den Kriegen mit den Kimbern und Teutonen (104–101 v. Chr.) durch den Feldherrn Gaius Marius die Umstrukturierung des Heeres in eine regelrechte Berufsarmee. Unter Augustus wurde der Militärapparat neu organisiert und strukturiert. Das seinerzeit ausgebildete Heeresschema hatte im Prinzip Bestand bis in die Zeit der diokletianischen Heeresreform zu Beginn des 4. Jahrhunderts n. Chr. In der hohen Kaiserzeit verfügte Rom imperiumsweit entlang seiner Grenzen über eine bewaffnete Truppenmacht von etwa 400 000 Soldaten. Davon dienten etwa 180 000 in den Legionen und etwa 220 000 in den Auxiliareinheiten. Am Obergermanisch-Raetischen Limes waren rund 40 dieser Hilfstruppenverbände stationiert. Neben den ca. 10 000 Legionären in den Legionsstandorten Mainz und Straßburg waren rund 30 000 Soldaten in den Garnisonen am Limes eingesetzt. Bei den Hilfstruppen handelte es sich um Reitereinheiten *(alae)*, Fußtruppen *(cohortes)*, die auch teilweise beritten sein konnten *(cohortes equitatae)*, und um zunächst irreguläre, später genormte Einheiten *(numeri)*. Das Rückgrat der römischen Armee waren aber die Legionen.

1. Die Legionen

Die Legionen waren die Elitetruppen Roms. Sie waren alles in einem: schlagkräftige Kampfverbände, Pioniereinheiten, hervorragende Ingenieur- und Handwerkertrupps, Architekturbüros, Gesundheitsdienst, Strukturentwickler, Zivilisationsträger, Rechtsbehörden, Siedlungsgründer, Wirtschaftsförderer, Geldverteilungsstellen, Konsumenten usw. Der römische

Bürger, und nur ihm war es erlaubt, in der Legion zu dienen, konnte durch den Dienst in der Armee, der in der Regel zwanzig Jahre dauerte, Karriere machen.

Die Legion wurde in der Regel von einem aus dem Senatorenstand kommenden und vom Kaiser berufenen General, dem *legatus legionis*, kommandiert. Ihm zur Seite standen sechs Militärtribune *(tribuni militum)*: ein senatorischer, der sich durch einen breiten Purpurstreifen auf der Toga auswies und deshalb *tribunus laticlavius* genannt wurde, sowie fünf ritterliche, die eine Toga mit schmalen purpurroten Streifen trugen, und demzufolge als *tribuni angusticlavii* bezeichnet wurden. Das Tribunat gehörte zu den *tres militiae*, den drei soldatischen Eingangsstufen zu den großen Militär- und Verwaltungskarrieren, die von der senatorischen und ritterlichen Jugend des Römischen Reiches am Beginn ihrer Karriere bekleidet wurden. Waren diese Kommanden jeweils nur von kurzer Dauer, so handelte es sich bei dem die inneren Angelegenheiten des Legionslagers regelnden Lagerkommandanten *(praefectus castrorum)* um einen Berufssoldaten. Er stand rangmäßig zwischen dem senatorischen und den ritterlichen Tribunen. Im Alltag wurde die Legion allerdings von den Hauptleuten *(centuriones)* geführt. Sie waren das eigentliche Rückgrat der Armee. In der Regel waren es altgediente Soldaten, die sich sowohl auf dem Schlachtfeld als auch im Lager- und Verwaltungsdienst bestens auskannten. Insgesamt gab es pro Legion 60 Centurionen mit je nach Kohortennummer aufsteigendem Rang. Der oberste Centurio der 1. Kohorte, der *primus pilus*, bekleidete eine Ausnahmestellung. Er war Sprecher der Centurionen beim Kommandeur, regelte die Verpflegungs- und Nachschubangelegenheiten der Truppe und stand auf dem Sprung in die höhere Beamtenlaufbahn. Daneben gab es noch weitere Unteroffiziersränge und Gefreitenchargen im Stab des Legionskommandanten sowie für Sonderaufgaben, die die römische Armee zu einem stark hierarchisch abgestuften Heeresapparat mit vielfältigen Aufstiegsmöglichkeiten machten. Der Dienst war infolge der Karrieremöglichkeiten und den mit den jeweiligen Besoldungsstufen verbundenen regelmäßigen Soldzahlungen lukrativ und begehrt.

Mit einer Stärke von rund 6000 Mann waren die Legionen die schlagkräftigsten Einheiten der römischen Armee. Sie stellten zwar in taktischer und verwaltungstechnischer Hinsicht einen geschlossenen Verband dar, waren in sich aber vielfach gegliedert. Grundlage der Taktik war seit der Heeresreform des Marius die Kohorte. Es handelte sich um eine 500 Mann starke Teileinheit, die in sechs «Hundertschaften» *(centuriae)* à 80 Mann unterteilt war. Jede Legion verfügte über zehn Kohorten, wovon seit flavischer Zeit die erste Kohorte *(cohors prima)* als vornehmste Abteilung 800 Mann umfasste. Jede Legion besaß zudem 120 Reiter *(equites legionis)*, die in Friedenszeiten als Meldereiter und Boten, in der Schlacht als Sonderverband eingesetzt wurden. Die Legionen waren zwar durchnummeriert, doch nicht konsequent, denn mehrfach waren identische Nummern mit verschiedenen Beinamen vergeben. War eine Legion im Kampf aufgerieben worden und dabei der Legionsadler verloren gegangen, wie etwa bei den in der «Schlacht im Teutoburger Wald» im Jahre 9 n. Chr. von den Germanen vernichteten 17., 18. und 19. Legionen, wurde sie nicht mehr aufgestellt und ihre Nummer nie mehr vergeben.

Die Legionen waren in festen Basislagern untergebracht, von denen aus in der Okkupationsphase der militärische Raum beherrscht wurde, später auch der Aufbau der zivilen Infrastruktur erfolgte. Das Vorbild der Legionslager waren die römischen Militärkolonien der ausgehenden republikanischen Zeit. Der Aufbau der Legionslager folgte stets einem groben Muster. Grundlage war ein von zwei sich im senkrechten Winkel kreuzenden Vermessungslinien *(cardo maximus* bzw. *decumanus maximus)* gebildetes Straßensystem, dessen Mittelpunkt vom Stabsgebäude *(principia)* eingenommen wurde. Hier waren neben dem zentralen Truppenheiligtum, in dem der Kaiserkult gepflegt wurde und die Truppenfahnen aufgestellt waren, Büroräume für die Verwaltung *(tabularia)*, Versammlungsräume für bestimmte Offizierskooperationen *(scholae)*, die Waffenkammern *(armamentaria)* sowie große Appellhallen und im Hof das Gerichtspodest *(tribunal)* untergebracht. Rechts neben den *principia* oder dahinter befand sich das großzügig gestaltete Wohnhaus des Kommandanten *(praetorium)*. Gut erforschte Beispiele von Legionslagern zeigen, wie dicht das Lagerinnere bebaut war. Im Mittelstreifen des Lagers befanden sich die Unterkünfte für die Tribunen als Heeresführer, die Werkstätten *(fabricae)*, Speicherbauten *(horrea)* und Krankenhäuser *(valetudinaria)*. Im vorderen und rückwärtigen Lagerteil waren die Wohnbaracken der Mannschaften *(centuriae)*, die Ställe *(stabula)* und sonstige Gebäude untergebracht. Mit 18–25, manchmal bis über 30 ha Größe waren die Legionslager die größten römischen Militärkasernen, von einem eigenen Areal *(prata legionis)* umgeben, auf dem Vieh gehalten und wohl auch größere Ländereien bewirtschaftet wurden. Außerhalb der Lagermauern entwickelte sich ein ausgedehntes Lagerdorf *(canabae)*, in dem die Angehörigen der Soldaten, Händler, Handwerker, Gastwirte und Marketender wohnten und aus dem sich alsbald eine regelrechte stadtartige Siedlung entwickelte.

In einer Provinz konnten mehrere Legionen stationiert sein, wodurch es auch mehrere Legionslager gegeben hat. War in einer Provinz, wie z. B. in Raetien ab 179 n. Chr. nur eine Legion stationiert, war der Legionskommandant automatisch auch der Statthalter. In Provinzen mit mehreren Legionen dürfte es zwischen den einzelnen Einheiten prinzipiell klar abgegrenzte Kommando- und Kompetenzbereiche gegeben haben. Diese wurden vom jeweiligen Provinzstatthalter definiert. In Obergermanien ist dies stellenweise bei der Abkommandierung von Legionssoldaten in die Provinz zu Sonderaufgaben zwischen den Stammlegionen wie der in Mainz stehenden *legio XXII Primigenia pia fidelis* und der in Straßburg stationierten *legio VIII Augusta* zu erkennen. Während Soldaten der erstgenannten Truppe vor allem im nördlichen Teil der Provinz eingesetzt waren, kamen die der Straßburger Legion im Süden zum Einsatz. In den germanischen Provinzen sind vor der Mitte des 2. Jahrhunderts n. Chr. Legionen in Nijmegen *(Noviomagus)*, Xanten *(Vetera castra)*, Neuss *(Novaesium)*, Bonn *(Bonna)*, Mainz *(Mogontiacum)*, Straßburg *(Argentorate)* und Windisch *(Vindonissa)* stationiert worden. In Raetien wurde während der Markomannenkriege (164–180 n. Chr.) mit der neu

ausgehobenen *legio III Italica* in Regensburg *(Castra Regina)*
erstmals eine Legion stationiert. Die Schwesterlegion, die *legio II Italica* erhielt ihren Standort in Enns/Lorch *(Lauriacum)*
in der Nachbarprovinz Noricum. Der Donaulimes wurde in
Pannonien von den Legionen in Wien *(Vindobona)*, Deutsch-
Alteburg *(Carnuntum)*, Szóny *(Brigetio)*, Budapest *(Aquin-
cum)*, in Ober-Moesien in Belgrad *(Singidunum)* und Kostolac
(Viminacium) in Unter-Moesien in Svištov *(Novae)* und Silis-
tra *(Durosturum)* gesichert. In Dakien standen Legionen in Al-
ba Julia *(Apulum)* und Turda *(Potaissa)*. Der Euphratlimes und
die Provinz Syrien wurden durch die in Flussnähe stationierten
Legionen in *Satala*, *Melitene*, *Samosata* und *Zeugma* und im
Landesinneren von den Legionen in *Rhaphanae*, *Legio* und
Jerusalem *(Aelia Capitolina)* gesichert. Hier bewachte zudem
die Legion von *Bostra* die östliche Provinzgrenze. Aufgrund
der Truppenverteilung entlang der Donau- und Euphratgrenze
ist zu erkennen, von welcher Seite die Römer am ehesten eine
Bedrohung ihres Reichsgebietes erwarteten. In Ägypten befand
sich lediglich eine Legion in *Alexandria*, in Nordafrika eine
einzige weitere in *Lambaesis*, in der Provinz Numidien. Nur
eine Legion stand auf der iberischen Halbinsel, und zwar in *Legio*, dem heutigen León, im Norden der Provinz *Hispania Tar-
raconensis*. Gallien besaß keinen Legionsstandort, während in
den britannischen Provinzen Legionen in Carleon *(Isca Silu-
rum)*, Chester *(Deva)* und York *(Eburacum)* stationiert waren.

Die Legionen spielten nicht nur bei der militärischen Kontrolle einer Provinz eine wichtige Rolle. Vielmehr waren sie es,
die durch ihre vielfältigen Aufgaben und Tätigkeiten entscheidend zur Romanisierung einer Provinz beitrugen. Schon während des Vormarsches musste eine Legion durch Nachschub
und Furage ständig verpflegt werden. Dies setzte zum einen die
Rückbindung an die Versorgungsbasen im Hinterland, zum anderen eine ausgefeilte Logistik voraus, die uns noch heute Res-
pekt einflößen muss.

In Friedenszeiten hat sich die Legion sowohl aus der Umgebung als auch aus ferneren Gegenden selbst versorgt. Allerdings
darf man sich das nicht als nur der Bevölkerung aufgezwungene

Verpflegungsleistungen vorstellen. Vielmehr verfügte jede Legion über einen Etat zur Truppenversorgung für alle Sparten, der über die Büros des Lagerpräfekten und des Primuspilus gesteuert und von Soldaten, denen dabei eine Vielzahl an Aufgaben zufiel, abgewickelt wurde. Daher dürfte eine Großzahl der Legionäre zumeist mehr unterwegs als in ihren Stammquartieren gewesen sein. Zu allen Zwecken wurden sie in die Provinz abkommandiert, wo sie einmal kleinere Sonderkommandos, Bautrupps und Beratungsgremien führten, ein anderes Mal in militärischen Sonderfunktionen als Gefreite oder Unteroffiziere tätig wurden. So suchten sich der Statthalter und die Legionskommandeure wie schon beschrieben besonders zuverlässige, altgediente Soldaten aus und setzten sie als *beneficiarii consulares* ein. Der Begriff für diese Rangstufe stammt von dem lateinischen Wort *beneficium* (Wohltat), eine Anspielung auf die Befreiung vom regulären Militärdienst und der gewährten Soldzulage für diese Leute. Beneficiarier erhielten meist das Anderthalb- bis Zweifache des Soldes eines normalen Legionssoldaten. An wichtigen Grenzübergängen am Limes, an Plätzen, die im Provinzgebiet für Nachschub, Rohstoffgewinnung und -verteilung sowie für den Handel wichtig waren, wurden die Beneficiarier auf ihrem Dienstposten *(statio)* eingesetzt, um im Auftrag des Statthalters oder des Legionskommandeurs die dortigen Verhältnisse zu überwachen und direkt zu berichten. Da sie unmittelbares Zugangsrecht zu dem Provinz- und Legionslegaten hatten, war es den einfachen Provinzbewohnern über die Beneficiarier auch möglich, ihre Anliegen unmittelbar an die obersten Rechts- und Verwaltungsbehörden einer Provinz vorzubringen.

Die Ausrüstung des Legionärs bestand aus der Kleidung, den Schutz- und Angriffswaffen, seinem persönlichen Marschgepäck und dem, meist auf Tragtieren im Tross mitgeführten schweren Gerätschaften. Über dem Unterhemd *(tunica)* trug der Soldat den Kettenpanzer, der mit dem Militärgürtel *(cingulum militare)* geschnürt wurde, von dem zum Schutz des Unterleibs Lederstreifen *(pteryges)* herabhingen. Über den Panzer wurde der Soldatenmantel *(sagum)* geworfen. Die Füße steckten in Lederschuhen *(caligae)*. Als Schutzwaffen dienten zunächst der

Helm *(cassis)* mit großen Wangenklappen *(bucculae)*, zuweilen mit einem Helmbusch *(crista)* besetzt, dann das langrechteckige Schild *(scutum)*. Als zusätzlichen Schutz konnte der Soldat Bein- und Armschienen anlegen und den Hals mit einem mehrfach geknoteten Halstuch *(focale)* bedecken. Zu den Angriffswaffen gehörten das Kurzschwert *(gladius)*, das am Schwertriemen *(balteus)* getragen wurde, der Wurfspeer *(pilum)*, der Dolch *(pugio)* und bei der Reiterei das Langschwert *(spatha)*. Als Fernwaffen dienten die mittels Geschütze *(ballistae)* abgefeuerten Steinkugeln, Pfeile und Speere. Besonders effektiv war der Einsatz des Pilums. Dabei handelt es sich um ein lanzenartiges Gerät, dessen Spitze sich an einem längeren dünneren Eisenstab befindet, der auf einen Holzschaft aufgesetzt ist. Als Auftaktwaffe diente das *pilum* – in ganzen Salven auf den Feind geworfen – dazu, die feindlichen Reihen zu lichten. Trafen nämlich die *pila* auf die Schilde der Feinde, so blieben sie im Schildkörper stecken. Dabei verbogen sie sich infolge des gegenüber dem eisernen Vorderteil schwereren Schaftes. Es gab nun nur die Möglichkeit entweder das Wurfgeschoss aus dem Schild herauszuziehen, was die Aufgabe der Deckung zur Folge hatte, bzw. mit dem im Schild steckenden *pilum* weiterzukämpfen, was die Bewegungsmöglichkeit aber erheblich einschränkte oder aber den Schild einfach wegzuwerfen und die Deckung völlig aufzugeben. Jetzt war die Stunde des Kurzschwert- oder Dolcheinsatzes gegeben. Die auf ganzer Linie vorrückenden römischen Soldaten konnten nun die Feinde reihenweise niederstechen.

Das persönliche Gepäck, u. a. das Koch-, Ess- und Trinkgeschirr trug der Soldat auf dem Marsch an und in seiner Soldatentasche *(sarcina)*, die an einer hölzernen Tragegabel *(furca)* hing.

Legionskarrieren

Für den Soldaten in der Legion standen zahlreiche und vielfältige Karrierestufen zur Verfügung. War er nach dem «Grundwehrdienst» als einfacher Soldat *(miles legionis, gregalis)* in den Rang eines Gefreiten *(immunis)* aufgestiegen, konnte er während seines zwanzigjährigen Militärdienstes eine oder mehrere der taktischen Chargen wie Fahnenträger *(signifer)*, zuständig für die Truppenkasse, Verwaltungsbeamter *(optio)*, eingesetzt im Büro des Centurio, oder Ordonnanz *(tesserarius)*, zuständig für die Tagesparole und ihre Weitergabe, durchlaufen, um zum Legionshauptmann *(centurio legionis)* oder weiter zum *primus pilus*, dem besten Soldaten der Armee, aufzusteigen. In der Regel gelang mit dem Erreichen und dem zweimaligen Bekleiden dieses ausgezeichneten Dienstgrades der Aufstieg in die nächste höhere gesellschaftliche Schicht, den Ritterstand *(ordo equestris)*. Zwar musste dazu der Nachweis eines Vermögens in Höhe von 400 000 Sesterzen erbracht werden, doch ließ sich das Geld im Laufe eines langen, in höheren Rängen abgeleisteten Militärdienstes für diese Leute verdienen. Zumeist erfolgte der Eintritt in die höheren Verwaltungslaufbahnen der stadtrömischen Administration und der kaiserlichen Provinzialverwaltung, bei denen oft mehrmals zwischen militärischen und zivilen Ämtern gewechselt wurde, mit Zustimmung oder gar auf Betreiben des Kaisers. Die Jahresgehälter in diesen Positionen lagen dann je nach Aufgabe zwischen 60 000 und 300 000 Sesterzen. Mit dem Nachweis eines Vermögens von 1 000 000 Sesterzen gelang schließlich der Sprung in die Senatorenklasse, der höchsten gesellschaftlichen Schicht des Römischen Reiches, wenn nicht auch hier der Kaiser die Auswahl *(electio)* persönlich vornahm. Jetzt konnten die hohen Generalsränge in den Legionen *(legati legionum)* begleitet werden. Stand in einer Provinz nur eine Legion, so war der Legionschef automatisch zugleich Statthalter. Als Senator war es möglich, das neben dem Kaiser höchste Amt, welches der römische Staat zu vergeben hatte, zu erreichen: den Konsulat. Besonders ehrenvoll war es, zu einem der beiden Konsuln bestimmt zu werden, die dem Jahr, in dem sie Konsul waren, ihren Namen gaben. Die Römer bezeichneten ihre Jahre jeweils nach den namengebenden (eponymen) Konsuln. So entspricht zum Beispiel das Jahr, in dem in Rom Tertullos und Sacerdos Konsuln waren, nach unserer Zeitrechnung dem Jahr 158 n. Chr. Neben dem eponymen Konsulnpaar gab es noch jeweils fünf Paare von zugewählten Konsuln *(consules suffecti)*. Der römische Staat

hatte schon in republikanischer Zeit die Zahl der Konsuln vergrößern müssen, um die mit der zunehmenden Ausdehnung des Reiches in den neuen Provinzen anfallenden Aufgaben bewältigen zu können. Nach dem Konsulat hatten die gewesenen Konsuln den Status eines *proconsul* und damit die Befähigung, als Statthalter eine große kaiserliche Provinz zu leiten. Als Beauftragte des Kaisers vollführten sie dies allerdings nur im Range eines *legatus Augusti pro praetore*, denn der höhere prokonsularische Rang *(ius proconsulare maius)* war in diesem Falle dem Imperator selbst vorbehalten. Lediglich als Statthalter der drei dem Senat unterstehenden Provinzen *Asia*, *Achaia* und *Africa proconsularis* durften sie den Titel Prokonsul führen und erhielten ein Jahresgehalt von bis zu einer Million Sesterzen.

Das Gehalt eines senatorischen Statthalters in einer kaiserlichen Provinz richtete sich nach der Bedeutung der Provinz, die sich regelmäßig in der Anzahl der darin stationierten Legionen ausdrückte, und lag zwischen 300 000 und 1 000 000 Sesterzen. Die hohen, meist den ritterlichen Beamten vorbehaltenen

Abb. S. 102:
Römische Auxiliar-
soldaten; Kavallerist
und Infanterist der
Hilfstruppen, I. Jahr-
hundert n. Chr.

Abb. S. 103:
Legions- (rechts),
Alen- (links) und
Kohortensoldat
(Mitte)

Verwaltungsämter, die Prokuraturen, wurden je nach Bedeutung des Amtes und der Provinz, in der es ausgeführt wurde,
mit Jahresgehältern zwischen 60000 und 300000 Sesterzen
besoldet. Man sprach von sexagenaren, centenaren, ducenaren
und trecenaren Prokuraturen, was einem Jahresgehalt in Höhe
von 60000, 100000, 200000, 300000 Sesterzen entsprach.
Zum Vergleich: Der einfache Legionssoldat erhielt im 2. Jahrhundert n. Chr. einen Sold in Höhe von 1200–1500 Sesterzen
im Monat. Die Solderhöhungen unter den Kaisern Septimius
Severus, Caracalla und Maximinus Thrax gegen Ende des
2. und im 3. Jahrhundert n. Chr. ließen das Jahresgehalt der Legionssoldaten zwar von 2400 über 3600 auf 7200 Sesterzen an-
steigen, allerdings waren inzwischen inflationsähnliche Erschei-
nungen auf dem römischen Geldmarkt eingetreten, die diese
Beträge im Hinblick auf ihre Kaufkraft wieder relativierten.
    Für herausragende Karrierebeamte des Römischen Reiches
ergaben sich daneben weitere höchste Ämter, die in ihrer
Machtposition in unmittelbarer Umgebung des Kaisers ange-

siedelt waren. Hierzu gehörten die Kommandoposten der drei teils paramilitärisch organisierten stadtrömischen Truppen wie jener der Stadtpolizei *(cohortes urbanae)*, der Feuerwehr *(cohortes vigilum)* sowie der kaiserlichen Eliteeinheit und Palastwache *(cohortes praetoriae)*. Sie wurden – abgesehen vom Erstgenannten, der meist im Range eines Konsulars war – von ritterlichen Kommandanten befehligt, die Prätorianerkohorten sogar von zwei gleichrangigen Präfekten. Da diese Leute über militärisches Einsatzpersonal in der Stadt Rom verfügten, wo ansonsten außer bei Triumphzügen der von siegreichen Feldzügen zurückkehrenden Kaiser keinerlei bewaffnete Militäreinheiten anwesend sein durften, sahen die Kaiser darauf, ihnen unbedingt loyal ergebene Vertraute in diese Ämter zu berufen.

Schließlich sei noch ein weiteres Amt genannt, dessen gutes Funktionieren für das Überleben eines Kaisers entscheidend sein konnte: das des Statthalters von Ägypten *(praefectus Alexandreae et Aegypti)*. Augustus hatte nach der Eroberung des Landes am Nil den Senat von der Verwaltung der neuen Provinz wegen deren wirtschaftlicher und strategischer Bedeutung ausgeschlossen und einen Mann seines Vertrauens aus dem Ritterstand zum Statthalter ernannt. Die besondere Bedeutung für Rom erhielt Ägypten durch seine Funktion als Kornkammer des Reiches, von der aus die Hauptstadt mit den notwendigen Getreidelieferungen versorgt wurde. Trotz seines ritterlichen Standes befehligte der *praefectus Aegypti* das Provinzheer, dessen Legionskommandanten *praefecti legionis* genannt wurden. Die aufgeführten Ämter in der Umgebung des Kaisers und von Bedeutung für seine Regentschaft standen mit einem Jahresgehalt von 300 000 später von bis zu 500 000 Sesterzen an der Spitze der römischen Besoldungsskala. Loyalität hatte auch schon in der Antike ihren Preis!

2. Die Hilfstruppen *(auxilia)*

Bei den unmittelbar am Limes stationierten Soldaten handelte es sich um Angehörige von Hilfstruppen *(auxiliarii)*. Ursprünglich waren die Auxiliarverbände Einheiten, die bei befreundeten Völkerschaften angeworben oder aus den Jungmannschaften frisch unterworfener Stämme zwangsweise ausgehoben wurden. Man formierte sie zu Truppenverbänden – im ersten Fall sogar unter eigener Führung – und setzte sie an fernen Grenzabschnitten des Römischen Reiches ein. Der Truppenname gibt dann im Einzelfall das ursprüngliche Herkunftsgebiet der Soldaten wieder. So wurde die ab spätestens 139 n. Chr. im Saalburgkastell stationierte zweite, teilweise berittene und mit römischem Bürgerrecht ausgezeichnete Raeterkohorte (*cohors II Raetorum equitata Civium Romanorum*) ursprünglich nach den augusteischen Feldzügen im Alpenvorland 15 v. Chr. ausgehoben und zunächst an den Niederrhein verlegt, bevor sie im 2. Jahrhundert n. Chr. über eine Stationierung in ihrer alten Heimat Raetien nach Obergermanien kam. Die Römer verfolgten mit diesen Rekrutierungsmaßnahmen eine Politik der Romanisierung und Integration. Zum einen wurde durch die Aushebung und Fortführung der wehrfähigen Jugend das Machtpotenzial eines Gebietes oder unterworfenen Stammes gebrochen. Zum anderen hatten die an einer anderen Ecke des Imperiums eingesetzten Soldaten gar keine andere Wahl, als sich zu Rom zu bekennen, um in der fremden Welt überleben zu können. Beides verstärkte den Romanisierungsprozess sowohl in den Ursprungsgegenden als auch an den Einsatzorten der Soldaten. Die Beinamen der *alae* und *cohortes Aquitanorum, Asturum, Belgarum, Britannorum, Dalmatarum, Gallorum, Germanorum, Helvetiorum, Hispanorum, Thracum, Treverorum* usw. geben zu erkennen, aus wie vielen Völkerschaften sich das römische Heer zusammensetzte. Dabei kam den Truppenbezeichnungen zunehmend der Charakter eines Ehren- und Traditionsnamens zu, der mit der ethnischen Herkunft der unter ihnen im 2. und 3. Jahrhundert n. Chr. dienenden Soldaten nicht mehr viel zu tun hatte. Die regionale Rekrutierung an den einzelnen Limesabschnitten, die dann durchgeführt wurde, verhalf den Verbänden am Limes eher zu dem Status einer «Bundeswehr der Antike», die ihre eigenen Provinzgebiete gegen Feinde von außen verteidigen sollten.

Die Hilfstruppen des römischen Heeres waren in Kavallerie-

(alae) oder Infantrieeinheiten *(cohortes pedidatae)*, die teilweise beritten sein konnten *(cohortes equitatae)* sowie in zunächst irreguläre, später genormte Einheiten *(numeri)*, gegliedert. Für die Soldaten all dieser Einheiten galt, dass sie erst nach 25-jährigem Militärdienst und einer ehrenhaften Entlassung *(honesta missio)* das römische Bürgerrecht erreichen konnten. Dies wurde ihnen in Form eines so genannten Militärdiploms verbrieft. Dabei handelte es sich um die auf eine Bronzetafel eingravierte Abschrift des Originalzeugnisses, das in der Zentralregistratur in Rom auf dem Kapitol *(tabularium)* aufbewahrt wurde. Da im Text der Militärdiplome nicht nur der neue römische Vollbürger mit seinen verbrieften Rechten aufgeführt wird, sondern auch die gesamten Truppen derjenigen Provinz, in deren Armee der betreffende Soldat Dienst getan hatte, stellen diese Bronzetafeln herausragende Zeugnisse zur Geschichte des römischen Heeres dar. Mit ihrer Hilfe lassen sich die Truppenkörper der einzelnen Provinzen rekonstruieren, ihre oft verschiedenen Einsatzorte in unterschiedlichen Provinzen nachzeichnen, die jeweiligen Truppenkommandeure angeben und Lebensschicksale einzelner Soldaten erzählen. Auch die Hilfstruppen der römischen Armee ermöglichten dem einzelnen Soldaten weitere Aufstiegschancen und Verdienstmöglichkeiten.

Die Kavallerie (*ala*)

Die Reitertruppen *(alae)* des römischen Heeres wurden zumeist von Hilfstruppen gebildet, die als Reitergeschwader in einer Mannschaftsstärke von 500 *(ala quingenaria)* oder 1000 Mann *(ala milliaria)* aufgestellt waren. Die Truppen wurden jeweils von einem Kommandanten aus dem Ritterstand *(praefetus equitum alae)* kommandiert, wobei der Kommandant einer 1000 Mann starken Reitertruppe die vierte und höchste Rangstufe der ritterlichen Offizierslaufbahn *(militia quarta)* bekleidete. Je nach Größe der Einheit verfügte die Ala über 16 bzw. 24 Schwadronen *(turmae)* zu jeweils 30 bzw. 42 Reitern *(equites)*, die einem Reiterhauptmann *(decurio)* unterstanden. Zuweilen konnte auf Vorschlag des Statthalters und Ernennung durch den Kaiser ein *decurio alae* zum Centurio einer Legion befördert werden. Somit war also auch der Aufstieg aus einer Auxiliartruppe in die Karrierelaufbahn der Legion möglich. Die Bezeichnung der Truppe leitet sich von dem lateinischen Wort *ala*: Flügel ab. Die Reitertruppen waren in der Schlacht nämlich zumeist auf den Flügeln der Armee positioniert, von wo aus sie – modernen Panzerverbänden vergleichbar – die feindlichen Linien umfassten und einkesselten. Die Truppenmacht des Feindes wurde dann gegen die im Zentrum der Schlachtordnung stehende Infanterie getrieben und der Kessel «eingedrückt». Die Stationierungsorte der Alen im Römischen Reich befanden sich in der Regel in oder am Rande weitgehend offener Landschaften und ebenen Geländes. Hier war der größte operative Bewegungsspielraum für diese schnellen Truppen gewährleistet. Dies galt auch für Gebiete jenseits des Limes, auf deren Lage die Position der Alenkastelle ausgerichtet war. Die Kastellgröße für eine *ala milliaria* lag bei 5,2–6,1 ha. Mit 6,1 ha Fläche ist das Lager der *ala II Flavia milliaria* im heutigen Aalen am Raetischen Limes das größte Alenkastell am Obergermanisch-Raetischen Limes. Bis zur Stationierung der *legio III Italica* im Jahr 179 n. Chr. in *castra Regina*/Regensburg war die Reitertruppe die ranghöchste Einheit innerhalb der Provinz Raetien. Das römische Heer verfügte lediglich über sieben *alae milliariae*, die jeweils für sich ein enormes Machtpotenzial darstellten. Sie waren in Britannien, am Raetischen Limes in Aalen, an der mittleren und unteren Donau im heute ungarischen Raum, im nördlichen Karpatenbecken Dakiens sowie in Syrien am Palmyrenischen Limes stationiert. Diese Aufteilung lässt erkennen, dass Rom an den nördlichen und östlichen Provinzgrenzen den größten Bedarf an schnell beweglichen Truppen hatte, die weit in das Vorfeld des jeweiligen Grenzabschnittes hinein operieren konnten. Eine Ala konnte – ohne gesunde Reittiere besonders zu beanspruchen – leicht 60 km und mehr am Tag zurücklegen. Bei Distanzritten ließen sich auch größere Entfernungen von über 100 km überwinden. Es lässt sich deshalb leicht vorstellen, wie weit eine von diesen Reitereinheiten vorgetragene Vorfeldaufklärung reichte.

Bei den Alenkastellen handelte es sich also um Kavalleriegarnisonen, deren Unterhaltung eines großen finanziellen und logistischen Aufwandes bedurfte. Die Kosten für Zucht und Ausbildung der Pferde, für die Unterbringung von Tier und Mensch lagen fünfmal höher als die einer Infanterieeinheit. Die Dimensionen eines Alenkastells lassen sich an den wiederhergerichteten Grundrissen des Stabsgebäudes und der Rekonstruktion eines Teils der Reiterbaracke in Aalen erkennen. Auch das Kastell einer Reitertruppe folgte dem bekannten Schema römischer Kastellbauten. Im Zentrum befand sich das Stabsgebäude mit den schon im Falle der Legionstruppen beschriebenen Räumlichkeiten. Das Kommandantenwohnhaus fiel in einer Kavalleriegarnison ebenfalls prächtig aus, schließlich handelte es sich bei den Truppenchefs um ranghohe Offiziere aus dem Ritterstand. Handwerksbauten, Getreidespeicher, Krankengebäude und größere Sonderbauten befanden sich auch hier im Mittelstreifen des Lagers. Die mit über 20 m × 70 m riesigen und mit einem Obergeschoss versehenen Mannschaftsbaracken stellten eine Kombination aus Wohnräumen für die Soldaten, Ställen für die Pferde und Lagerraum für Viehfutter, Heu und Stroh dar. Sie waren im vorderen und rückwärtigen Lagerteil *(praetentura bzw. retentura)* untergebracht. Jeweils drei Reiter bewohnten eine aus zwei Räumen bestehende Stubenunterkunft *(contubernium)* von bis zu 30 m². Im hinteren Raumteil befanden sich die Betten, Tisch und Stühle sowie eine Herdstelle, an der die Soldaten ihre Mahlzeiten zubereiteten, während im vorderen Raum Waffen und Ausrüstung abgelegt wurden. Die Kopfbauten der Mannschaftsbaracken waren größer ausgelegt. In ihnen wohnten die Hauptleute der Reiterschwadronen *(decuriones)*. Wie das Beispiel einer Wandmalerei mit Motiven aus der klassischen Mythologie aus dem Kopfbau einer Mannschaftsbaracke im Kastell Echzell (heute im Saalburgmuseum) zeigt, waren selbst diese Räume besonders dekoriert. Insgesamt verweist das auf den höheren Rang, den die Angehörigen von Reitertruppen im römischen Militär einnahmen, und auch darauf, dass deren Soldeinkünfte mehr als ausreichend waren, um sich die eigenen vier Wände in dieser Form verschönern zu lassen.

Die Ausbildung und das ständige Training der Reitersoldaten erfolgten auf einem außerhalb des Kastells gelegenen Exerzierplatz *(campus)*. Hier befand sich in der Regel auch ein kleines Heiligtum, das den Schutzgöttern der Reitarena, den *diis campestres*, geweiht war.

Die Ausrüstung und Bewaffnung des Reiters bestand neben der Kleidung, die sich aus einem einfachen Hemd aus Wolle oder Leinen, einem Halstuch, engen Kniehosen *(feminalia)* oder langen Hosen *(bracae)* sowie den Lederschuhen zusammensetzte, aus dem Soldatenmantel bzw. dem Mantel mit Kapuze *(paenula)*, der über dem Kettenhemd *(lorica hamata)* oder Schienenpanzer *(lorica segmentata)* getragen wurde. Weiterhin verfügte auch er über Angriffs- und Verteidigungswaffen. Einerseits das Langschwert *(spatha)*, das am Militärgürtel mit Schulterriemen getragen wurde, die Lanze *(hasta)*, die Wurfspeere *(iacula)* sowie Pfeil, Pfeilköcher und Bogen, andererseits über Helm und Schild. Zur Pferdeausrüstung gehörten der Sattel, dessen Form dem Reiter selbst im Kampf hervorragenden Halt gab, das Zaumzeug mit Trense und Zügel sowie das übrige Pferdegeschirr, das aus Beschlägen, Riemenverteiler und dekorativen Anhängern bestand. Nur ganz vereinzelt ließen sich Reitsporen finden. Sie gehörten demnach nicht zur Standardausrüstung der römischen Reiterei. Bei besonderen Anlässen wie etwa Reiterspielen zu Ehren des Kaisers wurden vergoldete und versilberte Prunkausrüstungen angelegt, zu denen Gesichts- oder Maskenhelme und besondere Panzerbleche für die Reiter sowie die oft reich verzierten so genannten Rossstirnen mit Augenschutzkörben und mittlerer Schmuckplatte für die Pferde gehörten.

Die Infanterie
(cohortes peditatae; cohortes equitatae)

Die Kohorten waren in der frühen Kaiserzeit unmittelbar den Legionen zugeordnet und meist zusammen mit diesen in einem gemeinsamen Lager untergebracht. Seit trajanischer Zeit wurden die Hilfstruppenverbände von den Legionen gelöst und an den Limes verlegt. Die meisten Kohorten übten die direkte Kon-

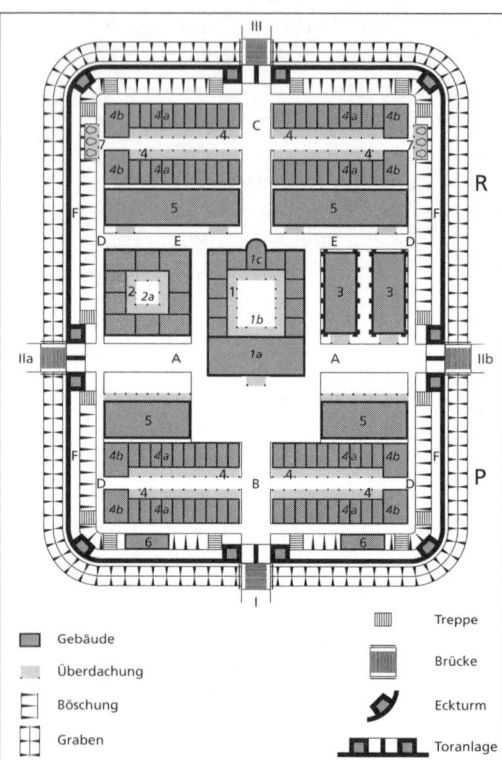

Schematischer Aufbau eines Auxiliarkastells

Lagerbereiche:
P Praetentura: vorderer Lagerbereich
R Retentura: rückwärtiger Lagerbereich

Tore:
I Porta Praetoria: vorderes Lagertor (Ausfalltor)
IIa Porta Principalis Dextra: rechtes Lagertor (von den Principia aus gesehen)
IIb Porta Principalis Sinistra: linkes Lagertor (von den Principia aus gesehen)
III Porta Decumana: rückwärtiges Lagertor

Straßen und Wege:
A Via Principalis: Lagerquerstraße
B Via Praetoria: Ausfallstraße
C Via Decumana: rückwärtige Lagerstraße
D Via Sagularis: umlaufender Weg entlang der Wehrmauer
E Via Quintana: Querstraße hinter Principia
F Wehrgang

Gebäude:
1 Principia: Stabsgebäude mit Vorhalle (1a), Innenhof (1b) und aedes (Fahnenheiligtum, 1c)
2 Praetorium: Wohnhaus des Kommandanten mit Innenhof (2a)
3 Horreum: Getreidespeicher mit verstärkten Mauern
4 Centuria: Mannschaftsbaracke mit je 10 Contubernia (Soldatenstuben, 4a) und 1 Wohnung für den Centurio (4b)
5 Stallung, sonstiges Funktionsgebäude (Werkstätte, Speicher usw.)
6 Latrine
7 Backhaus

Legende:
Gebäude
Überdachung
Böschung
Graben
Treppe
Brücke
Eckturm
Toranlage

Idealgrundriss eines
Kastells und Rekonstruk-
tionszeichnung

trolle an der Grenze aus. Sie stellten auch die Besatzungen der
Kleinkastelle und Wachttürme an dem Grenzabschnitt, für den
sie zuständig waren. Die teilweise berittenen Kohorten *(cohortes equitatae)* konnten auch kleinere Aufklärungsritte im regionalen Rahmen durchführen. Die 1000 Mann starke Einheit
(cohors milliaria) wurde von einem ritterlichen Tribun *(tribunus cohortis)*, die 500 Mann zählende Truppe *(cohors quingenaria)* von einem Kohortenpräfekt *(praefectus cohortis)*
ebenfalls aus dem Ritterstand befehligt. Die Kohorte war je
nach Größe in 10 bzw. 6 Zenturien à 80 Mann eingeteilt. Dazu
kamen bei den teilweise berittenen Einheiten noch 240 bzw.
120 Reiter in 8 bzw. 4 Turmen. Neben den Hauptleuten, den
Centurionen, bei denen es sich um Legionssoldaten handeln
konnte, die ebenfalls in den größeren Räumlichkeiten aufweisenden Kopfbauten der Mannschaftsbaracken untergebracht
waren, gab es weitere Unteroffiziers- und Gefreitenchargen, die
im Stab des Kommandanten dienten. Hierzu gehörten der Büro-
leiter *(cornicularius)*, ein Registrator *(actarius)*, der Fahnenträger *(signifer)*, der auch Kassenaufseher und mit der Auszahlung
des Soldes betraut war, sowie der «Unteroffizier vom Dienst»
(tesserarius), der neben allgemeinen Verwaltungsaufgaben
Aufsicht im Lager führte und für die Weitergabe der Tagesparole
zuständig war. Darüber hinaus gab es verschiedene weitere
Dienststellungen, die besondere Aufgabenfelder abdeckten, wie

z. B. Signalhorn- und Trompetenbläser *(tubicen, cornicen, bucinator)*, den Stabsarzt *(medicus)* oder gar den Baumeister *(architectus)*. Manche Kohortenpraefekten verfügten sogar über eigene Beneficiarier *(beneficiarii praefecti cohortis)*.

Hatte der einfache Kohortensoldat nach langjährigem Dienst die Stellung eines *centurio* erreicht, konnte er wiederum auf Vorschlag des Statthalters und Bestätigung durch die kaiserliche Zentralverwaltung in die Legion versetzt werden, wo ihm die höheren Dienstränge für seine Karriere offen standen. Allerdings waren solche Beförderungen nicht die Regel.

Als Unterkunft für die Kohorten am Limes dienten Kastellanlagen, die in ihrer Größe zwischen 1,4 und 3,1 ha lagen. Auch diese Lager waren nach dem üblichen Schema errichtet, das einen «spielkartenförmigen» Grundriss besaß. Als eines der bisher am vollständigsten ausgegrabenen Kohortenkastelle am Obergermanisch-Raetischen Limes kann man das Kastell Künzing *(Quintana)* an der Donau bezeichnen. Die hier stationierte 500 Mann starke Kohorte trug den Namen *Cohors III Thracum civium Romanorum equitata* und war eine ursprünglich in Thrakien, dem heutigen Bulgarien, ausgehobene, teilweise berittene Einheit. Mit einer Fläche von 2,2 ha war das Kastell gegenüber den Legionslagern und Alenkastellen vergleichsweise klein. Die schematische Ausrichtung des Lagers ergab sich wie die aller römischen Kastelle vom Lagerzentrum aus betrachtet mit der Position des Fahnenheiligtums innerhalb des die Lagermitte einnehmenden Stabsgebäudes im Rücken. Von hier aus lassen sich die vier Kastelltore sowie die Lagerstraßen und -quartiere beschreiben. Der Blick richtet sich geradeaus auf das Haupttor *(porta praetoria)*, von dem aus die *via praetoria* auf die *principia* zuführt. Durch die Exerzierhalle des Stabsgebäudes verläuft die *via principalis*, die das rechte *(porta principalis dextra)* mit dem linken Seitentor *(porta principalis sinistra)* verbindet. Das rückwärtige Tor führte normalerweise in das Limeshinterland, weshalb es *porta decumana* genannt wurde. Der vor dem Betrachter gelegene vordere Lagerteil wurde *praetentura* bezeichnet, während das rückwärtige Kastellareal *retentura* hieß. Der Mittelstreifen des Lagers wurde – zumindest in den Legionslagern – als *latera praetorii* benannt. Hier befand sich denn auch in der Regel rechts neben den *principia* das Wohnhaus des Kommandanten *(praetorium)*, ein vierflügeliges Gebäude, das sich um einen Innenhof gruppierte. In einigen Fällen wichen die Römer mit dem Standort des Kommandantenhauses vom Normalschema ab. So stand allem Anschein nach das *praetorium* des Saalburgkastells in der rechten vorderen Lagerhälfte, wo es in jüngster Zeit durch einen neuen Weiterbau des schon vor 100 Jahren unter Kaiser Wilhelm II. errichteten Gebäudetraktes anschaulich rekonstruiert wurde. Wenn sich auch die Getreidespeicher *(horrea)* regelmäßig im Mittelstreifen des Kastells befanden, zeigt wiederum das Beispiel der Saalburg, dass hier mit der Platzierung des Baus in der linken vorderen Lagerhälfte vom Schema abgewichen werden konnte. Falls vorhanden, befanden sich im Mittelstreifen noch das Lazarett *(valetudinarium)* sowie der Handwerkerbau *(fabrica)*. Dieser lag aber dann am äußeren Rand und auf der dem *praetorium* entgegengesetzten Seite des mittleren Kastellareals. Die Baracken für die Mannschaften und die Stallungen für die Pferde bei den teilweise berittenen Einheiten standen in paralleler Anordnung im vorderen und hinteren Lagerbereich.

Die Soldatenunterkünfte *(centuriae)* – bei einer Kohorte in der Regel für 80 Mann – waren in 10 Mannschaftsstuben *(contubernia)* eingeteilt. Diese selbst bestanden aus einem Vorraum, *arma* genannt, weil dort die Bewaffnung und sonstiges Equipment untergebracht waren, und dem Schlafraum. Letzterer wurde mit dem lateinischen Wort für Zelt, *papilio*, bezeichnet. Dieser zum Terminus technicus gewordene Begriff bedeutet eigentlich «Schmetterling» und stellt eine Reminiszenz an die Unterkunft des im Felde stehenden republikanischen Heeres dar. Bei diesem waren die Soldaten in der Nacht in Zelten untergebracht, die aus zwei «schmetterlingsflügelartig» das Zeltdach bildenden Segeln bestanden. Am Ende einer Mannschaftsunterkunft befanden sich im so genannten Kopfbau die Wohnräume des Hauptmanns *(centurio)*. Wenn auch die Römer bei Anlage ihrer Kastelle einem allgemeinen Bauschema folgten, das quasi in der Form von Militärhandbüchern allgemein bekannt war, unterscheiden sich also die einzelnen Kastellgrundrisse teilweise erheblich voneinander. Dies verweist auf oftmals mit Rücksicht auf Geländetopographie, Wasserversorgung und Verkehrsanbindung wie insgesamt auch wegen strategisch-taktischer Überlegungen vorgenommene pragmatische Änderungen und Anpassungen an die örtlichen Gegebenheiten.

Die Ausrüstung des Kohortensoldaten folgt im Grunde der, die von den Legions- und Reitertruppen getragen wurde. Allerdings war bei den Legionen eine etwas stärkere Bewaffnung und schwerere Panzerung vorherrschend, während die Reiter eine leichtere Ausrüstung besaßen. Neben den üblichen Unter- und Oberkleidern, bei denen wieder der Militärmantel in Erscheinung trat, verfügten die Kohortensoldaten vor allem über Stoß- und Schlagwaffen, die im Nahkampf eingesetzt werden konnten. Hier ist wiederum der Dolch und das Kurzschwert zu nennen. Zuweilen wurde von den Kohorten im Kampf auch das *pilum* eingesetzt, das vor allem aber bei den Legionen Verwendung fand.

An den Zahltagen wurde den Truppen der Sold ausbezahlt. Ein Kohortensoldat verdiente im Jahr 1200 Sesterze. Davon gingen allerdings Abzüge für Unterkunft und Verpflegung, Kleidung und Altersvorsorge ab, sodass dem einzelnen Soldaten nur ein Teil – meist weniger als die Hälfte – bar auf die Hand ausgezahlt wurde. Hiervon hatte er dann seinen Lebensunterhalt außerhalb der Kaserne, vielleicht den seiner Eltern und Familien sowie Dinge, die er sich gönnen wollte, zu bestreiten. Dennoch gelang es vielen Soldaten, Geld zurückzulegen, um nach ihrem Ausscheiden aus dem Heeresdienst die weitere Existenz – vielleicht auf einem kleinen Landgut oder durch Investitionen in wirtschaftliche Unternehmungen – fristen zu können. Die Münzschätze, die in Zeiten der Bedrohung des Provinzgebietes damals vergraben wurden und von ihren Besitzern nicht mehr geborgen werden konnten, geben ein beredtes Zeugnis davon ab, dass hier Geldvermögen von oft mehreren Hundert oder gar Tausend Denaren keine Seltenheit war. Die Silbermünze Denar *(denarius)* war das gängige Nominal für Soldauszahlungen des auf dem Metallwert – modern gesprochen letztlich auf dem Goldstandard – beruhenden römischen Münzwesens. Das Verhältnis der einzelnen Münzsorten untereinander bestimmte sich dabei wie folgt: Die Goldmünze *(aureus)* besaß einen Wert von 25 Denaren. Ein Denar galt als vier bronzene Sesterzen, ein Sesterz als zwei – ebenfalls bronzene – Dupondien und ein Dupondius als zwei Asse. Die Gesamtrelation war also: 1 *aureus* = 25 *denarii* = 100 *sestertii* = 200 *dupondii* = 400 *asses*. Im alltäglichen Leben verwendete man vor allem Bronzegeld, während die Edelmetallmünzen gehortet oder in kleinere Nominale umgetauscht wurden. Mittels bewachter Geldtransporte gelangten die Finanzmittel für die Truppen von den zunächst nur in Rom, später über das gesamte Reich verteilten Münzstätten an den Limes. Die Truppenkasse befand sich in jedem Kastell in einem Keller unterhalb des Fahnenheiligtums. Diebstahl war hier so gut wie unmöglich, da der Keller zumeist stärker ausgebaut und die Truppenfahnen stets bewacht waren. Kam er dennoch einmal vor, so verging sich der Räuber nicht nur an den Rücklagen seiner Kameraden, sondern auch am Kaiser, denn dessen religiöser Kult wurde ja im Fahnenheiligtum versehen. Der Diebstahl war damit zugleich ein Sakrileg und zog schwerste Strafen, in der Regel die Hinrichtung, nach sich. Durch das in den Kastellen stets vorhandene Silbergeld, das die Soldaten nach Erhalt ihres Soldes gegen Nahrungsmittel, Kleidung und sonstige Güter umtauschen mussten, wirkte ein Truppenlager am Limes – modern gesprochen – wie eine kleine Landeszentralbank. Von hier aus wurde das Geld in das Land hinaus an Händler, Handwerker, Bauern und Dienstleister distribuiert und in den Geldkreislauf gebracht, was für den wirtschaftlichen Aufschwung einer Provinz entscheidend war. Aufgrund der bekannten Gehaltsstufen innerhalb der Truppe lässt sich ausrechnen, dass z. B. eine 500 Mann starke Kohorte einen Jahresbedarf an Geld in Höhe von 1,2–1,4 Millionen Sesterzen oder 300 000–350 000 Denaren hatte. Hochgerechnet auf die Gesamtzahl der Truppen am Obergermanisch-Raetischen Limes kommt man auf eine Summe von etwa 80 Millionen Sesterzen (20 Millionen Denare). Für seine gesamte Armee musste der römische Staat die ungeheure Summe von jährlich 360–600 Millionen Sesterzen (90–150 Millionen Denare oder 270 000–450 000 kg Silber) aufwenden.

Die auf diesem Wege überall im Römischen Reich verbreiteten Münzen ließen sich dabei sehr gut als Propagandamittel der kaiserlichen Politik verwenden. Neben dem Kaiserbildnis auf der Vorderseite bildeten die kaiserlichen Münzstätten die politischen Parolen des jeweiligen Kaiserhauses auf der Rückseite ab. Dabei standen Götterfiguren, bildliche Darstellungen wie auch die Umschriften für bestimmte Aussagen: Fortuna für Glück, eine trauernde Germania unter einem Trophäenbaum mit der Umschrift *Germania capta* für den Sieg, in diesem Falle des Kaisers Domitian über die Chatten, oder eine Szene, die den Kaiser vor seinen Truppen zeigt, für die gegenseitige Loyalität von Armee und Oberbefehlshaber. Letztere wurde meist dann beschworen, wenn sie eben nicht gegeben war.

Die *numeri*

Die so genannten nationalen Numeri, unter Kaiser Hadrian ausgehobene kleine Aufklärungs- und Beobachtungseinheiten von bis zu 160 Mann Stärke, wurden als *peregrini* (ohne römisches Bürgerrecht) rekrutiert und zur Entlastung der Alen und Kohorten eingesetzt. Ihre Benennung *numerus* bedeutete ursprünglich nur «*die Schar*», d. h., diese Einheiten wurden im Bedarfsfall einfach ausgehoben und nach beendetem Kampfeinsatz wieder aufgelöst. Später wandelten sich auch diese Trupps zu stehenden Verbänden. Die Truppenbezeichnung gab die ethnische Herkunft zu erkennen, wie etwa im Falle der Einheiten aus Britannien, die als *numeri Brittonum* benannt wurden, oder aber der Name reflektierte regionale Gegebenheiten, etwa Flüsse, wie dies Beispiele der in Obergermanien stationierten und nach den Flüsschen Elz *(numerus Brittonum Elantiensium)* und Murr *(numerus Brittonum Murrensium)* benannten Einheiten zeigen. Kommandiert wurde ein Numerus von einem *praepositus numeri*, bei dem es sich zumeist um einen altgedienten Legionscenturio oder auch um einen einfachen Legionssoldaten handeln konnte. Im Verlauf des 3. Jahrhunderts n. Chr.

kamen aber auch Praefekten oder Tribune als Kommandanten über Numerusformationen vor. Allerdings hatte dies mit der Wandlung und Vergrößerung dieser Truppen in der fortgeschrittenen Kaiserzeit zu tun.

Die Numeruskastelle, die an den *limites* des Römischen Reiches, insbesondere in Obergermanien und Raetien errichtet wurden, besaßen normalerweise eine Flächengröße von 0,6–0,8 ha. Wie das Beispiel des Numeruskastells Hesselbach am Odenwaldlimes zeigt, handelte es sich um taktisch selbstständige Einheiten. Die kleinen Anlagen verfügten nämlich über ein eigenes Stabsgebäude und ein Kommandantenwohnhaus. Die annähernd 120–160 Mann Besatzung war in vier Centurien zu je 30–40 Mann eingeteilt und in vier Mannschaftsbaracken untergebracht. Auch die *numeri* verfügten über ein eigenes Badegebäude, das sich außerhalb des Kastells in einem kleinen Lagerdorf befand. Es zeigte sich, dass die Kastellplätze, welche später mit den größeren Einheiten der Kohorten besetzt wurden, oft aus den Anlagen für einen Numerus hervorgingen.

Kleinkastelle und ihre Besatzungen

An Limesdurchgängen minderer Bedeutung, zur Abriegelung von in die Limeslinie einschneidenden Tälern und sie durchziehende Nebenwege, aber auch zur Sicherung gefährdeter Abschnitte, die die Stationierung einer Kohorte noch nicht erforderten oder offenbar auch zur Aufnahme von Zoll- und Handelseinrichtungen in Limesnähe, erbauten die Römer Kleinkastelle. Ihre Besatzungen, die, je nach Kastellgröße, bis zu Centuriengröße (80 Mann) reichen konnten, wurden zur Bestückung und wohl auch Versorgung der auf den Wachttürmen stationierten Mannschaften verwendet.

Die Kleinkastelle am Limes waren sehr unterschiedlich, was Größe und Grundriss anbelangt. Dies hängt sicherlich zum Teil damit zusammen, dass sie unterschiedlichen Zwecken dienten und den verschiedenen Ausbauphasen des Limes angehörten. Die kleinen Militäranlagen zeigen unterschiedliche Bautypen, z. B. mit nur einem Tor in der Umwehrung und einer Mannschaftsbaracke, deren U-förmiger Grundriss den Platz im Innern der kleinen Anlage umschloss. Einen anderen Typ stellen die Kleinkastelle mit gegenüberliegenden Toren und Mannschaftsunterkünften zu beiden Seiten der Lagermittelstraße dar. Hier erscheint oftmals eine Mannschaftsbaracke geradezu in der Mitte geteilt und beidseits der Lagerinnenstraße angeordnet worden zu sein. In diesem Falle besaßen die Kleinkastelle zwei gegenüberliegende Tordurchgänge – das Haupttor meist etwas repräsentativer, das rückwärtige Tor dem Charakter nach eher eine Schlupfpforte. Die vollständig ausgegrabene Anlage des Kleinkastells Rötelsee nahe Welzheim hat eine Innenfläche von 324 m². Knapp 290 m² groß ist das Kleinkastell im Holzheimer Unterwald nördlich von Butzbach. Gerade die Ausgrabungen der beiden letztgenannten Kastellplätze erbrachten neue Aufschlüsse zum Innenaufbau der Anlagen. Für die Besatzung der Kleinkastelle muss man mit Abordnungen aus den benachbarten Auxiliar- und Numeruskastellen rechnen, deren Stärke darüber hinaus von 12–20 Mann (z. B. Rötelsee bei Welzheim) bis hin zu 80 Mann, d. h. eine Centurie (z. B. Hainhaus am Taunuslimes, Saalburg-Schanze B, Kleinkastell Trienz am Odenwaldlimes, Haselburg bei Walldürn), schwanken konnte. In manchen Fällen wird man auch von anderen außerordentlichen Mannschaftsstärken als Besatzung der Anlage ausgehen dürfen. Kleinkastelle wurden am Limes für verschiedene Aufgabenbereiche angelegt. Vor allem wurden sie in Nähe der Limesdurchgänge (z. B. Butzbach-Degerfeld) oder auch an besonders gefährdeten Limesabschnitten als zusätzliche Überwachungseinrichtung errichtet.

Bereits auf die Formen der Kleinkastelle *(burgi)* spätrömischer Zeit verweist das Kleinkastell «in der Harlach» bei Burgsalach im Landkreis Weißenburg-Gunzenhausen am Raetischen Limes. Es handelt sich um eine quadratische Befestigung mit 32 m Seitenlänge, scharfkantigen Ecken und nur einem Tor. Der Bau gehört zu dem Typ von Befestigungen, der als Vorläufer der spätrömischen Kleinfestungen *(centenaria)* zu gelten hat. Zu dem einzigen Tor, über dem sich wohl ein Turm erhob, sprang die Südfront halbkreisförmig ein. Anders als in den früh- und mittelkaiserzeitlichen Kleinkastellen waren hier die Räume der zweigeschossigen Anlage bereits mit der Umwehrung verbunden. Sie gruppierten sich um einen rechteckigen Innenhof, der von einem überdeckten Umgang bekleidet wurde. In der dem Eingang gegenüber gelegenen Apside befand sich wohl das Fahnenheiligtum, sodass in der ca. 80 Mann starken Besatzung ein selbstständiger Verband unter eigener Fahne *(vexillum)* zu sehen ist. Die nächsten Parallelen dieses Bautyps finden sich im fortgeschrittenen 3. Jahrhundert n. Chr. am Limes im Orient und in Nordafrika.

Kastelldörfer (vici)

Innerhalb von kurzer Zeit nach Besetzung eines Kastellplatzes und Errichtung des Lagers entwickelte sich außerhalb der Befestigung ein Lagerdorf, ein so genannter Kastellvicus. Rückgrat dieser Siedlungen bildeten dabei in der Regel die Fernstraßen, die aus dem Limeshinterland auf das Haupttor des Kastells trafen, weitere Straßen, die das Kastell in seine Umgebung einbanden, oder innerörtliche Wege, die den *vicus* je nach Fortgang der Siedlungsentwicklung erschlossen. Die Regelhaftigkeit der Anlage der Kastellvici macht deutlich, dass schon bei der Kastellgründung genügend Raum für die sich zukünftig vermutlich entwickelnde Siedlung berücksichtigt wurde. Je nach Anlage des Lagerdorfes kann man von einem bandförmigen Straßenvicus, bei dem sich die Siedlung entlang der zum Kastellplatz führenden Fern- und Umgebungsstraßen entwickelte, oder von einem ringförmigen *vicus* sprechen, bei dem die Bauten der Siedlung an einer Ringstraße standen, die in einem glacisartigen Abstand um das Kastell herumführte. Bei den Bauten handelte es sich dabei um langrechteckige Holz-, Fachwerk- oder Steingebäude, die auf langen schmalen Grundstücken standen, weshalb sie auch als Streifenhäuser bezeichnet werden. Hauslängen zwischen 10 m und 30 m sind ebenso keine Seltenheit wie Parzellenlängen von bis zu 100 m. In den Siedlungshäusern wohnten die Familien und die Angehörigen der Soldaten sowie Händler, Handwerker, Gastwirte wie auch sonstige Gewerbetreibende. Die mit ihrer Schmalseite zur Straße stehenden Bauten öffneten sich zu dieser mit Eingängen und Läden unter einem überdachten Wandelgang *(porticus)*. Man kann sich eine Front aus Streifenhäusern vorstellen wie die aneinandergereihten Holzbauten in einer Stadt des Wilden Westens des 19. Jahrhunderts. In den Häusern waren nach einem zur Straße gelegenen Geschäfts- und Gastraumbereich, unter dem sich meist ein holzverschalter oder steinerner Vorratskeller befand, die Wohn- und Schlafräume untergebracht. Meist waren nur letztere mit einer Fußbodenheizung versehen. Breitere Streifenhäuser konnten durch einen Mittelkorridor, der nur teilweise überdacht war, erschlossen werden. Hinter den Häusern lagen die Einrichtungen der Wasserversorgung, meist Brunnen, und die Latrinen. Danach schloss sich der Gartenbereich an.

Je nach Möglichkeit der Wasserzufuhr lagen die Kastellbäder, die sowohl den Soldaten als auch der Vicus-Bevölkerung offen standen, in Nähe des Kastell-Haupttores (Saalburg) oder weiter abseits am Ende einer den Vicus erschließenden Straße (Zugmantel). Sie konnten aber auch an den anderen Kastellseiten und zuweilen auf dem Gelände zwischen Kastell und Limes errichtet sein. Es handelte sich in der Regel um Bäder vom so genannten Reihentyp, bei dem die unterschiedlich temperierten Räume in einer gewissen Reihenfolge begangen wurden. Der Badende zog sich in einem dem eigentlichen Badetrakt vorgelagerten Umkleideraum *(apodyterium)* aus. Hier hatte er auch die Möglichkeit, seine Kleidung und Wertsachen in einer Art Spind zu deponieren. Er betrat sodann den Saunateil des Bades, in dem meist Schwitzraum *(sudatorium)* und Kaltwasserwanne *(piscina)* oder Kaltwaschbecken *(labrum)* gegenüber lagen. Jetzt konnte er den mäßig temperierten mittleren Raumteil *(tepidarium)* mit seinen mit lauwarmem Wasser gefüllten Installationen aufsuchen, um schließlich in den Heißbadetrakt *(caldarium)* zu gelangen, in dem sich wiederum Wannen mit heißem und solche mit kaltem Wasser befanden. Der Badevorgang ließ sich mehrfach wiederholen. Während der Badebetrieb des späten Vormittags in der Regel von den Frauen aufgesucht wurde, war der Nachmittag und Abend den Soldaten und Männern vorbehalten. Gemischtes Baden, wie wir das

heute kennen, gab es vor allem in Privatbädern. Die Aufberei-
tung des heißen Wassers geschah mittels eines großen Bronze-
kessels, der in Form eines Durchlauferhitzers über der Feuer-
stelle *(praefurnium)* stand. Die Wasserversorgung erfolgte
zumeist über oberirdisch herangeführte Druckleitungen, aber
auch mithilfe von Deuchelleitungen. Das Abwasser wurde von
großen Sammelkanälen aufgenommen und über die Latrine,
wo es zur Spülung diente, abgeleitet. Das Badewesen an den
Limeskastellorten wie überhaupt im ganzen Römischen Reich
war kein besonderer Luxus. Vielmehr dienten die Bäder der
Hygiene und der Erhaltung der Gesundheit. Darüber hinaus
waren sie beliebter und kommunikativer Aufenthaltsort der
Soldaten in ihrer dienstfreien Zeit.

Zwischen den Siedlungsquartieren des Lagerdorfes, aber
auch randlich davon, lagen heilige Bezirke mit Tempeln und
sonstigen Kulteinrichtungen für die vielfältige römische Göt-
terwelt. Verehrung fanden die klassischen römischen Gottheiten wie Juppiter, Juno, Minerva, Merkur, Venus, Mars usw.,
deren Kult in Anthentempeln und gallorömischen Umgangs-
tempeln ausgeübt wurde. An zahlreichen Kastellen Obergermaniens gehörten zu den Stationsgebäuden der Beneficiarier
neben dem eigentlichen Amtshaus auch ein Weihebezirk samt
Tempel, in dem die Soldaten nach Ableistung ihres Dienstes
vor Ort den Göttern für die gesunde Rückkehr zu ihren Stamm-
einheiten als Dank Altäre aufstellen und Opfer abhalten ließen. In Osterburken und Obernburg am Obergermanischen
Limes, wie auch in *Sirmium*/Sremska Mitrovica in der Provinz
Dalmatien, konnten solche Weihebezirke mit all ihren Kompo-
nenten bei archäologischen Ausgrabungen freigelegt werden.
Aber auch orientalischen Gottheiten brachte man in eigenen
Kultbauten Opfer dar und feierte Gottesdienste. Besonders
häufig wurden bei den Limeskastellen der Nordwestprovinzen
Mithräen ausgegraben. Es handelt sich um Gebäude, die etwas
in die Erde eingetieft waren und dunkle Räume *(spaeluncae)*
beherbergten. Hier wurde der aus Persien stammende Gott
Mithras verehrt. In den langrechteckigen, meist kaum mehr
als 6 m × 20 m großen Mithräen befand sich an der rückwär-

tigen Stirnseite der Opferaltar mit dem Kultbild, das in der Regel Mithras darstellt, wie er auf dem Rücken eines Stieres kniend diesen tötet. Mit dem Stieropfer wurde in der Vorstellung der Mithrasanhänger die Welt immer wieder neu erschaffen. Neuerdings haben Wissenschaftler vermutet, dass sich hinter der Darstellung des Kultbildes ein kosmischer Code verbirgt, der für Eingeweihte die wichtigen Daten zu Aussaat und Ernte, zum Jahresverlauf und zur Bewegung der Gestirne, des Mondes und der Sonne zu erkennen gab. Im Mittelpunkt steht die Annahme, dass Mithras als Personifikation einer göttlichen Macht zu sehen ist, nämlich dem Naturphänomen der so genannten Prezession, d. h. der schlingernden Rotation der Erde um ihre eigene Achse. Bereits im 3. Jahrhundert v. Chr. hatten Astronomen erstmals die Prezession erkannt. Aus dieser Erkenntnis entwickelte sich eine Religion mit Geheimwissen, in deren Mittelpunkt der altpersische Lichtgott Mithras stand.

Einige Kastellplätze verfügten über eigene Spielstätten zur Unterhaltung ihrer Bewohner und der Soldaten. So konnten bei den Kastellen Zugmantel, Arnsburg und Künzing Amphitheater ausgegraben oder im Luftbild erkannt werden. Der Fund eines Gladiatorenhelmbeschlages aus dem Zugmantelkastell sowie öfter am Limes auftretende inschriftliche Zeugnisse und einfache bildliche Darstellungen zeigen, dass es offenbar regelrechte Gladiatorenmannschaften in den einzelnen Provinzen gegeben hat, die an den verschiedenen Plätzen am Limes gegeneinander angetreten sind.

Einzelne Spuren wie etwa am Kastell Niederbieber scheinen anzudeuten, dass die Kastellvici umzäunt waren. Entlang der Ausfallstraßen lagen die Gräberfelder. Die Römer verbrannten ihre Toten auf Scheiterhaufen. Oftmals war dafür ein eigener Verbrennungsplatz *(ustrina)* auf dem Friedhofareal vorgesehen. Dem Toten wurden persönliche Beigaben ins Feuer mitgegeben. Nach dem Verbrennen suchten die engsten Angehörigen die Knochenreste des Verstorbenen aus den Ascherückständen, bargen sie in einem besonderen Behältnis, meist einer Keramikurne, einer Holzschachtel oder einem Leinwandsäckchen, und setzten sie in einer Grabgrube zusammen mit weiteren unverbrannten Beigaben wie Töpfen, Tellern und Schüsseln gefüllt mit Nahrungsmitteln für die Reise ins Jenseits bei. Aufwändige Grabmonumente wurden nahe an der Straße aufgeführt. Hier standen dann Grabbauten, Mausoleen und Grabsteine mit Inschriften. Die ärmere Bevölkerung setzte ihre Toten in einfacheren Gräbern im rückwärtigen Teil des Gräberfeldes bei.

Obwohl ihre Entwicklung sehr stark vom Militär beeinflusst wurde, sodass man sogar regelrechte Bebauungspläne voraussetzen darf, gehörten die Kastellvici territorialrechtlich zu den zivilverwalteten Gebietskörperschaften der Umgebung. Sie unterstanden damit im weiteren Sinne der Jurisdiktion der dortigen Behörden, d. h. der Ratsherren *(decuriones)* und Magistrate der Civitates. Im engeren Sinne unterstanden die Lagerdörfer aber wohl der Gewalt des jeweiligen Truppenchefs vor Ort, wobei sicherlich eine gewisse Form von Selbstverwaltung mit Siedlungsältesten und Verwaltungsangestellten *(villici)* unterstellt werden darf, mit der die inneren Belange der Lagerdorfsiedlung geregelt wurden.

Soldatenleben am Limes

Der Soldatenalltag am Limes war von vielfältigen Aufgaben geprägt, die meist abseits regelrechter Kampfhandlungen erfüllt werden mussten. In der hohen Kaiserzeit des 2. und frühen 3. Jahrhunderts n. Chr. waren kriegerische Einsätze auf die großen Kämpfe gegen Markomannen und Quaden in den Jahren 160–180 n. Chr. beschränkt, ansonsten bildeten sie die Ausnahme. Es herrschte lange Zeit Ruhe an den Provinzgrenzen und ein friedliches Nebeneinander zwischen Römern und den Limesanrainern. Dies enthob den Soldaten aber nicht seines alltäglichen Exerzierens, des Wach- und Patrouillendienstes am Limes sowie der Versorgungs- und Verwaltungsaufgaben für die Truppe. Da von den Kastellen Reiter zur Vorfeldaufklärung und Mannschaften zur Besetzung der Wachttürme und Kleinkastelle des benachbarten Limesabschnittes abgestellt werden mussten, war immer eine gewisse Anzahl von Soldaten der Alen und Kohorten am Limes für längere Zeit abkommandiert. Wie sich das Leben der Soldaten konkret abgespielt hat und wie sich für sie die Lebensumstände gestalteten, zeigt zum einen die Fülle der Erkenntnisse aus den archäologischen Ausgrabungen. Hier lassen sich vor allem die materiellen Einzelheiten erkennen, die den Soldaten zur Verfügung standen und von ihnen verwendet wurden. So können die Unterkunfts- und Wohnverhältnisse, Art und Inhalt der Nahrung rekonstruiert und die Dinge des täglichen Bedarfs wie Kleidung, Schmuck, Kosmetik, Geld und religiöse Vorlieben bestimmt sowie der Umgang mit den Verstorbenen nachvollzogen werden. Auf der anderen Seite belegen Schriftzeugnisse, welche Aufgaben der einzelne Soldat bei seinem alltäglichen Dienst auszuführen hatte. Es zeigt sich, dass dieser durch Exerzieren, den Wachdienst, Aufgaben in der Verwaltung, Bauunterhaltung und Anlagenpflege sowie durch zahlreiche Sondereinsätze geprägt war. Bei den diese Einzelheiten berichtenden Schriftzeugnissen handelt es sich um Überlieferungen, die an verschiedenen Abschnitten der Grenzen des Römischen Reiches aufgezeichnet wurden. So fanden sich im Kastell *Vindolanda*/Chesterholm am Hadrian's Wall, konserviert dank der feuchten Bodenverhältnisse, zahlreiche Schreibtäfelchen. Es handelt sich um ca. 12 cm × 6 cm große Holztäfelchen, deren von einem knapp 3 mm hohen Rand umgebene Innenfläche vertieft war. Einst befand sich in der Eintiefung eine glattgestrichene Schicht aus Bienenwachs. In diese konnte mittels eines metallenen, beinernen oder hölzernen Schreibgriffels ein Schrifttext eingezeichnet werden. Manche Schreiber ritzten dabei so fest ein, dass sich die Buchstaben auf der Holzunterlage eindrückten und so – längst nachdem sich das Wachs aufgelöst hatte – der Nachwelt erhalten blieben. Schriftkundler (Epigraphiker) sind in der Lage, diese antiken Handschriften zu lesen. Dabei kommen erstaunliche Informationen zum Vorschein. So empfiehlt z. B. in einem Fall der Briefeschreiber einen Bekannten wohl dem Kommandanten der Truppe von *Vindolanda*. Ein anderer Brief berichtet über die Bestellung und Lieferung von Kleidern und Schuhen an einen vor Ort stationierten Soldaten, woraus ersichtlich wird, dass sich die römischen Soldaten auf eigene Kosten einkleiden mussten. Ein dritter Text lässt die Erwartungen erkennen, die ein Soldat an den Statthalter der Provinz hat, und ein vierter listet die Nahrungsmittel zur Versorgung der Truppe auf: Wein, keltisches Bier, *acetum* (ein mit Essig und Wasser versetzter durstlöschender Wein), Fischsauce *(garum)* zum Würzen der Speisen und Schweinefett. Die häufig genannte Gerste wird wohl zur Versorgung der Pferde gedient haben. Ein anderer Text nennt die Geldbeträge für bestimmte Verbrauchsgüter der Truppe, wie Gewürze, Ziegenfleisch, Salz, Spanferkel, Schinken, Getreide, Wildbret und Mehl. Daraus wird deutlich, dass die römischen Soldaten nicht nur ihren Getreidebrei aßen, sondern auch auf ein reichhaltiges Angebot an Fleisch zurückgreifen konnten. Schließlich fand sich unter den Schreibtäfelchen auch ein Text, aus dem hervorgeht, dass die Frau des Kommandanten die befreundete Kollegin aus einem Nachbarkastell zu einem gemeinsamen Plauderstündchen einlud.

Die jeweils auf einem weiteren «writing tablet» von *Vindolanda,* auf Tonscherben und Papyri aufgeschriebenen Tagesrapporte *(pridiana)* verschiedener Truppen geben tagesgenaue Stärkemeldungen der Einheit, teilweise namentliche Aufstellung der Soldaten und Bezeichnung ihrer Aufgaben. Dadurch erhalten wir Auskünfte über die tatsächliche Ist-Stärke der Truppe sowie darüber, mit welchen Arbeiten ihre Soldaten beschäftigt waren. Der Tagesrapport der *cohors I Tungrorum milliaria Civium Romanorum,* die am Hadrian's Wall hintereinander an mehreren Kastellplätzen stationiert war, berichtet unter dem 18. Mai eines nicht bezeichneten Jahres, dass unter dem Kommandanten Julius Verecundus 752 Mann einschließlich sechs Centurionen in der Truppe Dienst taten. Davon waren unter anderem 46 abkommandiert zur Wache des Statthalters, eine unbekannte Zahl an die Verwaltung eines gewissen Ferox, 337 nach *Coria,* ein Centurio nach London usw. Insgesamt waren 456 Soldaten an eine andere Stelle beordert. Im Kastell standen zur gleichen Zeit nur noch 296 Mann, von denen noch 15 krank, sechs verwundet waren und zehn unter Augenentzündung litten. Für den Dienst vor Ort standen also nur noch 265 Soldaten zur Verfügung.

Der auf einer Tonscherbe aufgeschriebene Tagesrapport aus Bu Njem in der Provinz *Africa Tingitana* (Libyen) vom 24. Dezember des Jahres 57 n. Chr. nennt Soldaten, die als Schreiber, Späher, Meldereiter, zum Exerzieren, auf den Ausguck, an die Torwache, zum Kommandanten, zu Bauarbeiten, an den Backofen und zur Bestrafung mit Ruten abkommandiert waren. Zwei befanden sich im Bad.

Man kann sich vorstellen, dass auch bei den Truppen am Limes in Obergermanien und Raetien ähnliche Verhältnisse herrschten und vergleichbare Aufgaben anfielen und erledigt werden mussten. Dabei wird es bei den offensichtlich ganz normalen Grenzübertritten auch häufig zu Begegnungen mit den Germanen gekommen sein. Die im unmittelbaren Limesvorgelände siedelnden Germanen werden mit den Gewohnheiten der römischen Armee und denen der römischen Händler vertraut gewesen sein. Ja sie dürften regen Handel mit den Römern getrieben haben. Man wird sich durch die häufigen Grenzübertritte von der einen oder anderen Seite gekannt und sich gegenseitig vertraut haben. Mancher Germane wird in die römische Armee eingetreten sein oder sich in der Provinz niedergelassen haben. Als die ökonomischen Probleme – Ernteausfälle, Ressourcenknappheit, Überbevölkerung usw. – auf der germanischen Seite ab dem beginnenden 3. Jahrhundert n. Chr. unübersehbar waren, wandelte sich das Verhältnis an der Grenze. Einige direkt vor dem Limes wohnende Stammesgruppen ließen sich offenbar freiwillig umsiedeln, wie das Beispiel des Kastells Zugmantel im Taunus anzuzeigen scheint. Sie sicherten nun auf der Seite Roms die Grenze des Imperium Romanum.

V. Das Limeshinterland

Die Gebiete hinter dem Obergermanisch-Raetischen Limes gehörten zu den römischen Provinzen *Germania Superior* und *Raetia*. Von den Hauptstädten *Mogontiacum*/Mainz und *Au-*

gusta Vindelicum/Augsburg aus verwaltete ein kaiserlicher Beauftragter, in Obergermanien der Statthalter *(legatus augusti pro praetore)*, in Raetien ein ritterlicher Prokurator, später ebenfalls ein Legat die Provinz. Eine größere Stadt nach römischem Recht *(colonia)* ist im Hinterland des Obergermanisch-Raetischen Limes nicht gegründet worden. Unter den Kaisern des flavischen Kaiserhauses entstand lediglich das *municipium Arae Flaviae*/Rottweil, eine städtische Siedlung mit erweiterten Rechten zur Selbstverwaltung. Hier sollte offenbar ein zentrales Heiligtum für die Mitglieder dieses Kaiserhauses eingerichtet werden. Die Siedlung mit städtischem Charakter entwickelte sich aus einem starken Militärposten der vespasianischen Okkupationsphase heraus und verfügte über alle in einer römischen Stadt üblichen Einrichtungen wie Forum, Heiligtümer, Stadtvillen, Badeanlagen, Gräberfelder usw.

Nachdem die Grenzlinie seit Traian und Hadrian eindeutig definiert und mit Truppen bestückt worden war, konnte sich das zivile Leben im Limeshinterland entfalten. Traian ließ die ersten zivilen Gebietskörperschaften, die *civitates*, einrichten. Sie besaßen Zentralorte mit stadtähnlichem Charakter, die den Mittelpunkt der selbstverwalteten Gebietskörperschaften bildeten. Diese mehr oder weniger großen Verwaltungsgebiete trugen zuweilen noch den alten Stammesnamen der ehemals hier ansässigen Kelten oder Germanen, wie etwa die Hauptorte der *Civitas Sueborum Nicrensium, Lopodunum*/Ladenburg oder der *Civitas Mattiacorum, Aquae Mattiacorum*/Wiesbaden zu erkennen geben. Sie umfassten die Siedlungsgebiete germanischer Stammesgruppen, etwa der Mattiaker oder der Neckarsweben, die von den Römern selbst in den 20er Jahren des 1. Jahrhunderts n. Chr. gegenüber ihren Militärbasen auf der rechten Rheinseite angesiedelt worden waren. Andere Verwaltungseinheiten sind nach geographischen oder topographischen Merkmalen benannt, wie etwa die *civitas Taunensium* mit ihrem Hauptort *Nida*/Heddernheim oder nach dem Vorkommen von Heilwässern wie die *civitas Aquensium* mit Hauptort *Aquae*/Baden-Baden. Die *civitas Sumelocennensis* mit ihrem Hauptort *Sumelocenna*/Rottenburg am oberen Neckar ent-

stand aus einer kaiserlichen Domäne, dem *saltus Sumelocen-*
nensis, der in traianischer Zeit von einem kaiserlichen Prokurator aus ritterlichem Stand verwaltet wurde. Von ähnlichen Gebieten wissen wir, dass gerade in neu eroberten und jetzt zu
strukturierenden Arealen solche Domänen eingerichtet wurden, deren Bewohner vom Kaiser Pachtland zur Verfügung gestellt bekamen. Spätere Civitas-Gründungen stellen z. B. die der
civitas Auderiensium mit Hauptort *MED(---)*/Dieburg im südlichen Hessen unter Hadrian oder die *civitas Alisinensium* mit
dem aus einem ehemaligen Kastellplatz am Odenwald-Neckar-
limes hervorgegangenen Hauptort Bad Wimpfen, die nach der
Mitte des 2. Jahrhunderts n. Chr. eingerichtet wurde, dar. Die
civitates wurden von einem Ratsherrengremium *(ordo decurio-*
num) verwaltet, denen Magistrate, Gemeindediener und Prie-
ster zur Verwaltung und zur religiösen Pflege des Staatskultes
zur Seite standen. Das Zentrum dieser Verwaltungsmittel-
punkte wurde von einem *forum*, einer Gerichts- und Verwal-
tungsbasilika eingenommen. Daneben gab es Markthallen und
städtische Bäder oft größeren Ausmaßes sowie weitere Tempel
für die verschiedensten Gottheiten. Je nach Entwicklungsstand
der Siedlung konnten die ehemals von Streifenhäusern bestan-
denen Siedlungsbereiche zu regelrechten Stadtquartieren auf-
blühen, die sich in ihrem Aussehen an der mediterranen Baukul-
tur mit Peristylbauten und größeren Wohn- und Geschäftshäu-
sern orientierten. An den Ausfallstraßen lagen die Gräberfelder.
Neben den Civitas-Hauptorten gab es noch kleinere Weiler, die
oft an Straßenkreuzungen entstanden waren und sich im Laufe
der Zeit zu wohlhabenden kleinen Siedlungen entwickelten.

Das gesamte Limeshinterland wurde von einem dichten Stra-
ßennetz durchzogen, für dessen Unterhaltung nach Einrichtung der Provinz die *civitates* zu sorgen hatten. Stichstraßen
unterschiedlicher Ausbauqualität verbanden die lockere Besiedlung im Umland mit den Fern- und Überlandstraßen.
Wahrscheinlich schon im Zuge einer systematischen Landver-
teilung unter militärischer Regie wurden Landgüter und Bau-
ernhöfe *(villae rusticae)* errichtet, die die Versorgung der Truppen am Limes und der stadtartigen Siedlungen des Limeshin-

terlandes sicherstellen sollten. In Obergermanien und Raetien ließ sich vor allem in der Wetterau, dem Hessischen Ried, der Dieburger Bucht, dem Neckarmündungsgebiet, am Kaiserstuhl, im Bereich des mittleren Neckar, im Nördlinger Ries und im Alpenvorland das dichte Netz der landwirtschaftlich geprägten Einrichtungen nachweisen. In der Regel befanden sich die einzelnen *villae rusticae* in einem Abstand von 1 bis 2 km voneinander entfernt. Die Ausgrabungen der Gutshöfe z. B. im hessischen Friedberg «Auf der Pfingstweide», von Hirschberg-Großsachsen an der badischen Bergstraße, Lauffen am Neckar oder der inzwischen teilrekonstruierten Anlage von Hechingen-Stein sind nur wenige Beispiele, die belegen, dass solche Anlagen offensichtlich stetig erweitert und modernisiert wurden und repräsentativen Charakter annehmen konnten. Durch die Ergebnisse der Luftbildarchäologie wissen wir, dass noch viele römische Landgüter im Boden verborgen sind. In den *villae rusticae* wurden neben der Getreide- und Viehwirtschaft auch Gemüse-, Kräuter- und Obstanbau betrieben, wie archäobotanische Funde zu erkennen geben. Insgesamt wird deutlich, dass die Landgüter durch die Kultur ihres Garten- und Landbaus sowie durch ihre auf hohem Niveau vorgenommene Viehzucht entscheidend zur Verbreitung neuer und zur Verbesserung bereits bekannter Nutztiere und -pflanzen im gesamten Römischen Reich beigetragen haben. Durch die dabei erzielte Überschussproduktion trugen die Landgüter erheblich zur wirtschaftlichen Prosperität einer Provinz bei.

Wie verhältnismäßig dicht die römische Besiedlung im Hinterland des Obergermanisch-Raetischen Limes war, verdeutlicht das Gebiet um Heidelberg herum, wo entlang der Fernstraße nach Norden über Ladenburg (Richtung Mainz) und Süden (Richtung Straßburg) zahlreiche kleinere Siedlungsplätze entstanden, die entweder als *villae* oder *vici* angesprochen werden müssen. Gerade fruchtbare Böden, wie beispielsweise die der Wetterau, lockten schon zu Beginn der römischen Okkupation Neusiedler aus den Gebieten links des Rheins an. Dies lässt sich möglicherweise in der kleinen Nekropole der Villa von Wölfersheim-Wohnbach nahe Friedberg nachweisen.

Dort wurden für das Limesgebiet bislang noch selten bekannte Grabformen nachgewiesen, die ihrer Form nach aus Gallien «importiert» sein müssen. Es handelt sich um Grabhügel mit Ringmauer *(tumuli)*. Die hier bestatteten Villenbewohner kamen offenbar aus den gallischen Gebieten westlich des Rheins in die Wetterau, ein Sachverhalt, der auch durch zeitgenössische literarische Quellen überliefert wird.

Ein Landgut bestand aus dem Hauptgebäude, dem so genannten Herrenhaus, bei dem es sich in der Regel um einen Risalitbau handelte, der an seiner Schaufront eine zwischen zwei vorspringenden eckturmartigen Partien (Risaliten) eingestellte, zumeist von Säulen getragene Vorhalle *(porticus)* besaß. Die Wohn-, Schlaf- und Arbeitsräume befanden sich dahinter, wobei meist ein großer Hauptraum das Zentrum des Gebäudes bildete. Hier war auch die große Küche mit offener Herdstelle untergebracht. Meist gingen die komplexeren Baukörper durch häufige An- und Umbauten aus einem anfangs bestehenden einfachen rechteckigen Gebäude hervor, an das je nach wirtschaftlichem Erfolg seiner Besitzer die Risalitfront sowie seitlich nach hinten führende Raumfluchten anschlossen. Öfters fanden sich die unverzichtbaren Badeanlagen in das Hauptgebäude integriert. Größere Bäderkomplexe wurden aber in eigenen Gebäuden untergebracht. Besonders aufwändige Villen besaßen vor der Hauptfront des Herrenhauses ein Wasserbecken sowie im unmittelbaren Umfeld kleinere Tempelanlagen und sonstige Heiligtümer. In den oft zahlreichen Nebengebäuden waren Stallungen, Remisen und Werkstätten, wohl auch Wohnungen für das Gesinde untergebracht oder sie dienten als Schuppen. Der gesamte Gutshof war von einer Mauer umgeben, die einerseits das Ausbrechen der innerhalb des Hofes freilaufenden Tiere verhindern, andererseits einen gewissen Schutz vor räuberischen Überfällen gewähren sollte. Außerhalb der Gesamtanlage befand sich das Gräberfeld. Es ist davon auszugehen, dass manche *villa rustica* auf bestimmte Produktionszweige wie Viehzucht oder Getreideanbau spezialisiert waren. Daneben verfügten sie oft über eigene metall-, leder-, textil- und holzverarbeitende Einrichtungen. Bei anderen Villen handelte es sich – wie im Falle der Haselburg bei Hummetroth im vorderen Odenwald – wohl eher um Anlagen, die als Sommerresidenz für hochrangige Magistrate und Verwaltungsbeamte oder gar den Statthalter selbst dienten.

Insgesamt stellten die Gebiete rechts des Rheins, aber auch sonst in den römischen Provinzen den Siedlungsraum für eine multikulturelle Gesellschaft dar, die sich ebenso wie die Soldaten am Limes nicht als Besatzer, sondern als Einwohner einer Provinz des Römischen Reiches, als Römer, fühlten. Bis in die ersten Jahrzehnte des 3. Jahrhunderts n. Chr. prosperierte die wirtschaftliche Entwicklung in den Rhein-Donau-Provinzen, wenn auch durch die Markomannenkriege zwischen 160 und 180 n. Chr. empfindlich beeinträchtigt. Dem infolge der Kriege und der damit einhergehenden Pestepidemie eingetretenen Bevölkerungsverlust versuchte man durch eine zeitweise vom Kaiserhaus gezielt vorgenommene Ansiedlungspolitik germanischer Bevölkerung entgegenzuwirken. Wichtig war es nämlich, das Steueraufkommen der Provinz durch Bewirtschaftung wüst gefallener Landgüter und Siedlungsteile zu gewährleisten. In den Provinzen wurden die landwirtschaftlichen Ressourcen genutzt wie auch die Rohstoffe allerorten ausgebeutet und in einer arbeitsteiligen Wirtschaft verarbeitet. Dies geschah vor dem Hintergrund eines einheitlichen Sprachraumes – Amtssprache war Latein, Griechisch die zweite «Weltsprache» – sowie eines einheitlichen Rechts-, Verwaltungs- und Währungssystems. Während erstere integrativ wirkten und überall im Reich Rechtssicherheit für die Menschen und ihr Handeln gewährte, sicherte Letzteres das Funktionieren der gesamten Volkswirtschaft. Insgesamt lässt sich daher das Bild einer in vielen Belangen außerordentlich modernen Gesellschaft und Staatskultur entwerfen, deren Einflüsse bis heute nachvollziehbar sind.

VI. Ausblick: Die Grenzen des Römischen Reiches – Wirkungen

Am 15. Juli 2005 beschloss das Welterbekomitee der UNESCO im südafrikanischen Durban die Aufnahme des Obergermanisch-Raetischen Limes in die Liste des Welterbes. Das größte Bodendenkmal Deutschlands ist nun – zusammen mit dem bereits seit 1987 als Welterbe anerkannten Hadrian's Wall in Nordengland – Teil eines Gesamtprojektes «Grenzen des Römischen Reiches» («Frontiers of the Roman Empire»). Langfristig sollen alle weiteren Grenzabschnitte *(limites)* des *Imperium Romanum* in dieses Welterbe integriert werden. Damit wird dem auf Völkerverständigung ausgerichteten Gedanken der UNESCO auf hervorragende Weise Rechnung getragen. Die einst die Völker Europas, Kleinasiens, des Vorderen Orients und Nordafrikas trennende Grenze kann nun zu einer Verständigungslinie der internationalen Staatengemeinschaft werden, die mittels einer auf fachlicher Grundlage vorgenommenen, allgemein verständlichen Vermittlung die historischen Wurzeln und kulturellen Besonderheiten moderner Völker des ehemaligen Römischen Reiches verstehen hilft. Bei ideologiefreier Darstellung dürfte es dabei gelingen, deutlich zu machen, wie groß die Ähnlichkeiten in der menschlichen Lebensweise hier und dort, wie großartig die gemeinsame Geschichte über die Kontinente hinweg und wie stark doch im Grunde die Bedürfnisse der Menschen nach Frieden und Eintracht sind. Durch die Beschäftigung mit dem Limes können die nicht nur auf einen Kontinent zu beschränkende Geschichte und Kultur einer ganzen Menschheitsepoche im Sinne eines humanistischen Anspruchs veranschaulicht werden. Vielmehr wird die zivilisatorische Leistung einer antiken Gesellschaft deutlich, die während ihrer Existenzzeit Grundlagen geschaffen hat, auf denen Abendland und Morgenland, ja auf denen heute die gesamte Welt aufbaut.

Literaturhinweise

Allgemein zum Limes und zu Einzelaspekten: R. Chevallier, Les voies romaines (Paris 1997). – H. Elton, Frontiers of the Roman Empire (London 1996). – M. Kemkes, J. Scheuerbrandt, N. Willburger, Am Rande des Imperiums. Der Limes – Grenze Roms zu den Barbaren (Stuttgart 2002). – J. Napoli, Recherches sur les fortifications linéaires romaines (Paris 1997). – E. Olshausen u. a., «Limes». Der Neue Pauly. Enzyklopädie der Antike. Band 7 (Stuttgart 1999) Spalte 192–231. – E. Schallmayer u. M. Becker, Limes. Reallexikon der Germanischen Altertumskunde Band 18 (Berlin/ New York 2001) 403–442. – Ders. u. W. Schmidt, «Limes». Der Neue Pauly. Enzyklopädie der Antike. Rezeptions- und Wissenschaftsgeschichte. Band 15 (Stuttgart/Weimar 2001) Spalte 156–170. *Unverzichtbar für die Kenntnis des Obergermanisch-Raetischen- sowie des Rheinlimes und für Limeswanderungen:* D. Baatz, Der römische Limes. Archäologische Ausflüge zwischen Rhein und Donau 1993. – T. Bechert, W. Willems (Hrsg.), Die römische Reichsgrenze von der Mosel bis zur Nordseeküste, (Stuttgart 1995). – E. Fabricius, F. Hettner u. O. von Sarwey, Der obergermanisch-raetische Limes des Roemerreiches [ORL]. Abt. A Die Strecken; Abt. B Die Kastelle (Berlin/Leipzig 1901–1937) *(noch immer das Standardwerk!).* – *Zu einigen neuen Forschungsaspekten*: E. Schallmayer (Hrsg.), Limes imperii Romani. Beiträge zum Fachkolloquium «Weltkulturerbe Limes» November 2001 in Lich-Arnsburg. Saalburg-Schriften 6 (Bad Homburg 2004). – Ders., Neue Forschungen am Limes in Hessen. Denkmalpflege und Kulturgeschichte Heft 3 (Wiesbaden 2005) 17–21. – H. Wolfram, Die Germanen (München ⁸2005). – R. Wolters, Die Römer in Germanien (München ⁵2006). *Zusammenfassende Darstellungen der limites außerhalb Deutschlands – Großbritannien:* D. J. Breeze u. B. Dobson, Hadrian's Wall (London 2000). – A. S. Robertson, The Antonine Wall. A handbook to the surviving remains (Glasgow 2001). *Der Limes an der Donau, auf dem Balkan und in Dakien:* G. von Bülow u. A. Milčeva (Hrsg.), Der Limes an der unteren Donau von Diokletian bis Heraklios (Sofia 1999). – K. Genser, Der österreichische Donaulimes. Ein Forschungsbericht. Der Römische Limes in Österreich 33 (Wien 1986). – N. Gudea, Römer und Barbaren an den Grenzen des römischen Daciens (Zalau 1997). – R. Ivanov, Das römische Verteidigungssystem an der unteren Donau zwischen Dorticum und Durostorum (Bulgarien) von Augustus bis Maurikios. Berichte der Römisch-Germanischen-Kommission 78, 1997, 467–640. – M. Mirković, Römer an der mittleren Donau.

Römische Straßen und Festungen von Singidunum bis Aquae (Belgrad 2003). – D. Pinterović, Limesstudien in der Baranja und in Slawonien. Archaeologia Jugoslavica 9 (Belgrad 1986) 5–83. – Z. Visy, Der Pannonische Limes in Ungarn (Stuttgart 1988). – M. Zahariade, The Fortifications of Lower Moesia (A. D. 86–275) (Amsterdam 1997). *Der Limes in den Ostprovinzen:* D. H. French u. C. S. Lightfoot (Hrsg.), The Eastern Frontier of the Roman Empire. British Archaeological Reports International Series 553 (Oxford 1989). – D. Kennedy, The Roman Army in Jordan (London 2000). – J. Wagner, Die Römer an Euphrat und Tigris. Geschichte und Denkmäler des Limes im Orient. Sonderheft Antike Welt 16, 1985. *Der Limes in Ägypten und Nordafrika:* G. Barker u. D. Mattingly (Hrsg.), Farming the Desert. The UNESCO Libyan Valleys Archaeological Survey I–II (London 1996). – H. Cuvigny (Hrsg.), La route de Myos Hormos. L'armée romaine dans le désert oriental d'Egypte. Praesidia du désert de Bérénice. Fouilles Institut français d'archaéologie oriental 48, 1–2 (Paris 2003). – E. W. B. Fentress, Numidia and the Roman Army. Social, Military and Economic Aspects of the Frontier Zone. British Archaeological Reports International Series 53 (Oxford 1979). – E. M. Ruprechtsberger, Die römische Limeszone in Tripolitanien und der Kyrenaika Tunesien – Libyen. Eine Verteidigungsgrenze wie der Limes zwischen Rhein und Donau. Schriften des Limesmuseums Aalen 47 (Stuttgart 1993).

Namenregister

Sachregister